매튜 아놀드와 19c 영국 비국교도의 교양문제

- 중간계급의 속물성(philistinism)과 자유개념을 중심으로

매튜 아놀드와
19c 영국 비국교도의 교양문제

- 중간계급의 속물성(philistinism)과
자유개념을 중심으로

오형국

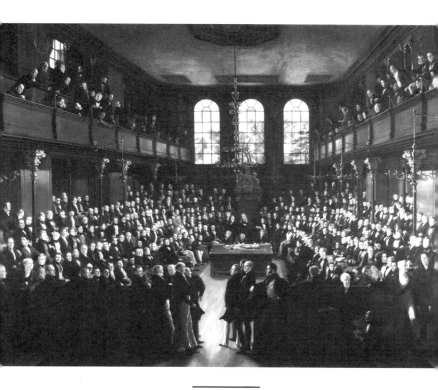

독타 피에타스

매튜 아놀드와 19c 영국 비국교도의 교양문제

- 중간계급의 속물성(philistinism)과 자유개념을 중심으로

초판 1쇄 2020년 4월 1일
2쇄 2020년 7월 15일
펴낸곳 독타피에타스
지은이 오형국
디자인 윤동혁

주소 서울 송파구 한가람로 16길 7, 동아 한가람 apt. 상가동 301호
hkohtony@naver.com
출판신고 2016년 10월 19일 제2016-26호

ISBN 979-11-969988-0-6
© 독타피에타스 2020

이 도서의 국립중앙도서관 출판예정도서목록(CIP)은
서지정보유통지원시스템 홈페이지(http://seoji.nl.go.kr)와
국가자료종합목록 구축시스템(http://kolis-net.nl.go.kr)에서
이용하실 수 있습니다. (CIP제어번호 : CIP2020011557)

●

새로운 사회질서에 대한
각 집단들의 사고방식과 견해의 차이는
깊고 단단했다.
그 결과 필연적으로
이 시대는 주요한 국가적 문제들에서
사사건건 심각한 지적, 사회적 분열을
야기하고 있었다.

●

추천글

개인의 자유는 보장받고 싶지만 남의 자유까지 보장하기 위해 내 자유를 양보하는 일을 좋아할 사람은 없다. 19세기 영국의 비국교도 중간계급의 '정신적 무정부상태'를 지켜본 인문주의자 매튜 아놀드는 인문교양으로 이 문제를 해결하고 싶어했다. 그는 인문교양을 사회적 자유 곧 평등의 문제를 밝히는 수단이라 생각했다. 오늘 한국의 주류 개신교 신앙인들의 모습도 여기서 멀지 않으니, 아놀드의 생각을 더 들어보고 싶다.

이강일 IVF복음주의운동 연구소 소장

오늘날 지성을 거부하는 경건주의와 평등없는 자유주의를 외치는 그리스도인들이 한국사회의 주류는 아니지만 한국교회의 주류인 것은 분명하다. 그런 의미에서 이 책은 개인적 경건주의에 빠져 문화적 책임성을 가지지 못하는 그리스도인들, 성서를 기계적으로만 이해하는 그리스도인들, 극단적 자유주의에 빠져 평등의 중요성을 인식하지 못한 상태에서 사회참여를 외치는 그리스도인들이 다수를 차지하는 한국 그리스도인들에게 우리가 무엇을 갖추어야 하는지를 보여주는 역사적 교훈이다. 또한 이 책은 19세기 영국사를 공부하려는 학생이나 크리스찬 지성에게도 유용하다. 매튜 아놀드의 사상은 19세기 영국사회의 계층구조, 16-7세기의 청교도 전통과 19세기 비국교도 전통의 비교 등 폭넓은 교양을 제공한다. 뿐만 아니라 인문교양이 무엇을 할 수 있으며 무엇을 해야 하는지를 시사한다.

김중락 경북대 교수, 영국사

이 책을 읽을 때 "하나님 나라의 회복을 고민한 인문학적 접근은 이런 내용이 되겠구나!"라는 감탄이 나왔다. 매튜 아놀드를 분석하면서도 저자의 관심은 그의 사상에 대한 예찬이 아니라 한국교회의 진단과 해법에 있다. 경건을 추구하지만 경건의 모양 밖에 없는 한국교회를 개혁하기 위한 평생의 고민 가운데 저자는 매튜 아놀드의 비판적 교양론에서 해답의 실마리를 찾는다. 한국교회의 상황은 종교와 사회가 분리된 19세기 영국과 놀라울 만큼 동일하게 나타나고 있기 때문이다. 인간과 세계에 대한 이해가 결핍된 채 성경만 많이 읽고 성경을 안다고 주장하는 것은 자기기만일 뿐이다. 한국교회가 경건을 강조하지만 비본질적인 것에 집중하고 속물적 기복신앙과 이기적인 개인주의, 자기중심적 구원주의에 빠져 있는 이유는 제대로 된 인문적 소양을 배제한 신학교육 때문이다. 이 책은 한국교회의 맹목적인 신앙을 망치로 부수고 전통적인 지성적 경건을 회복하며 시대정신과 대화하는 성숙한 신앙관을 얻기 위한 해답이다. 한국교회의 개혁을 고민하는 이들에게 필수 교양도서라 할 수 있다.

이민규 한국성서대 교수, 신약학

오늘의 한국교회가 빠져있는 혼돈은 지성과 교양의 문제이지 영성의 문제가 아니다. 한국교회는 정치인들이 만든 이념에 휩싸여 서로 물고 뜯고 있다. 그 안에는 하나님도 없고 신학도 없고 단지 자기 진영의 논리만 있다. 이 책은 종교의 진정성은 윤리적, 문화적 지성구조를 갖추는 것이 전제돼야 가능하다는 사실을 19세기의 비평가 매튜 아놀드를 통해 분명하고 치밀하게 밝

히고 있다. 목회자들의 필독서이다.

김도인 아트설교연구원 대표

역사적 질문은 당대의 문제의식에서 태어나는 것이고 또 그 안에서 해결책도 찾아지는 법이다. 이 책이 바로 그런 점을 잘 보여준다. 제목이 상당히 길고, 언뜻 보기에 '이게 도대체 뭐지?' 하고 생각할 수 있지만, "바로 이거야!" 하고 무릎을 치게되는 두 가지 독해방식이 있다.

하나는 제목 중의 '비국교도'라는 표현에서 보다시피, 19세기 영국의 종교상황에 대한 비평서로 읽는 것이다. 아마도 그런 과정 속에서 21세기 한국의 종교, 특히 기독교의 현실인식과 처신이 데자뷔(dejavu)로 떠오를 것이다. 평자가 이 책의 원고를 읽으며 이미 그런 경험을 했기에 분명히 얘기할 수 있다. 다른 하나의 독법은, 역시 이 책의 부제 가운데 '중간계급' 또는 '자유개념' 등의 표현이 시사하는 것처럼 과거 한때 영국의 정치와 정치의식에 내재된 반지성주의를 돌아보는 것이다. 이런 대목들을 읽다 보면 자연스럽게 오늘날 반성하지 않는 한국정치의 불임성과 엉킨 실타래를 풀 능력도 의지도 없는 천박함을 떠올리지 않을 수 없고, 나아가 그로부터의 출구에 대한 시사점을 모색하게 되리라 생각한다. 아, 어떻게 읽어도 관계 없으니, 1타2매라고 할까, 책 한 권 값으로 두 권을 읽은 것과 같다고 해야 할까? 특히 요즘 같이 앞뒤가 꽁꽁 막힌 (비)정치의 계절, 자가격리와 사회적 거리두기의 긴긴 밤에 일독 강추한다!

김창희 전 프레시안 편집국장

처음 책을 펼쳐들 때에는 목사님이 '현재 우리나라 사람들의 삶과는 큰 관련없는 전문적 신학 서적을 냈구나'라고 생각했다. 그런데 그게 아니었다. 19세기 영국 비국교도의 문제는 바로 오늘날 우리나라 중간계급의 교양문제와 직결되는 문제였다. 부제가 가리키는 '중간계급의 속물성과 자유개념'의 문제는 한국의 개신교 중간계급의 모습에도 그대로 투영된다. 박정희 정권의 개발독재 혜택을 본 이들은 산업화의 향수에만 사로잡혀 산업화 이후의 노동의 문제, 소수자의 문제 등 한국의 사회적 모순에는 무감각하다. 그리하여 아놀드가 영국의 중간계급에 대해 묘사하고 있는 것처럼 주요한 국가적 문제들에서 사사건건 심각한 지적, 사회적 분열을 야기하고 있다. 이들 중에는 개인적 욕심과 탐욕에 사로잡힌 사람들이 많지만, 개인적으로는 도덕적이며 경건한 삶을 사는 이들도 많다. 그럼에도 사회 전체로 눈을 돌림에 있어서는 자기들이 생각하는 가치만이 최고라며 다른 가치는 도대체 돌아보지도 않으려고 한다. 아놀드의 교양(culture)이란 사물을 편견이나 파당적 치우침 없이 바라볼 수 있게 하는 지성적 능력이다. 다양한 사람들의 다양한 생각이 오가는 세상, 변화의 흐름이 예전보다 빨라진 세상에 자기가 생각하는 것만이 절대적이라는 속물성만 넘친다면 그 사회는 불행해진다. 당신은 속물로만 남을 것인가, 아니면 19세기의 아놀드와 오늘의 저자의 충언(忠言)에 귀 기울여 세상을 유연하게 바라볼 수 있는 교양인이 될 것인가?

양승국 변호사, 법무법인 로고스 대표

19세기 중반 산업혁명으로 인해 비국교도 중간계급은 경제적 힘을 갖게 되었다. 그러나 제도적으로 정치에 참여할 수 없었으므로, 사회적 책임에 대해 관심이 없었고, 개인주의적인 성서읽기와 경제력의 확장에만 몰두하고 있었다. 한편, 그들의 신앙은 종의 기원(1859) 등 새로운 과학과 공산당 선언(1848) 등 세속 이데올로기에 의해 공격받고 있었으나 적절한 사상적 대안을 내어놓을 능력을 갖추지 못하고 있었다. 우리나라 개신교도들에게도 일반화된 모습이다. 그것이 성서읽기에만 몰두해서 성숙한 지성을 갖추지 못하게 된 때문인지, 인문교양의 '유연한 지성과 심미적 경험'의 결핍으로 인한 왜곡된 성경읽기 때문인지는 논란의 여지가 있다. 여하튼 이 책을 바로 읽었다면 저자가 제시하는 교양의 목적이 단순히 현학적 지식을 몇가지 더하는 것이 아니라 자신이 속한 시대정신과 성서 전체가 말하는 삶의 비전을 이해할 지성구조의 함양이라는 것을 파악하게 될 것이다. 본서가 소개하는 아놀드의 비평을 통해 오늘의 한국사회, 한국종교가 어떤 지성구조에 의해 지배될 것인가를 성찰하는 계기가 될 수 있기 바란다.

서덕영 경희대 교수, 전자공학

들어가는 말 : 왜 아놀드인가?

왜 아놀드인가?라는 질문은 영미의 문학평론이나 문화연구에서도 가끔 제기되는 물음인데, 여기에는 "아직도 아놀드냐?"라는 함의가 있다. 왜냐하면 19세기 인물인 매튜 아놀드(1822-1888)의 교양문화 개념은 일찍이 T.S. 엘리어트도 지적했듯이, 그 자체에 내포된 개인주의에 의해 손상당하고 있기 때문이다. 하지만 그럼에도 불구하고 19세기 종교와 문화에 대한 그의 비평의 가치는 조금도 약화되지 않는다. 왜냐하면 그 누구도 **종교와 문화의 분리**(separation of religion and culture) 즉, 종교가 일반적 사회생활과 분리됨으로 인하여 만들어진 영국인들의 삶의 양식을 그만큼 명확하고 냉정하게 다루지 못하였기 때문이다. 탁월한 문명사가 크리스토퍼 도슨은 현대 영국이 처한 궁지는 이러한 분열의 직접적인 결과이기 때문에 그의 저작은 19세기 영국 정신문화사에서 가장 중요한 문서라고 평가하였

다.[1]

2020 한국에서의 아놀드

왜 아놀드인가?라는 질문의 또한가지 의미는 왜 오늘 한국에서 아놀드인가?의 물음이다. 서양사를 전공하지 않은 독자들에게 영국사의 19세기를 특정하여 논하는 것도 생소할 터인데 더욱이 아놀드는 당시의 기라성 같은 사상가와 문필가, 지식인 집단 전체를 보면 비주류에 속하는 인물이기 때문이다.

아놀드의 주저인 「교양과 무질서」(Culture and Anarchy: An Essay in Political and Social Criticism, 1869)는 부제에서 보듯 정치와 사회평론의 성격을 띠고 있다. 그러나 그 의 실제적인 관심과 논점은 중간계급 비국교도(Dissenter)의 문제에 집중되고 있다. 이 집단은 사회경제적 계급인 동시에 종교집단의 범주에 해당하였다. 그리고 당시의 영국 비국교도 신앙은 바로

---

[1] Christopher Dawson, *Historic Reality of Christian Culture*(sheed & Ward) 「기독교문화와 현대문명」, 홍치모 역(성광문화사, 1987)

21세기 초엽의 한국 기독교의 주류와 직결되는 전통이라는 사실은 우리로 하여금 아놀드의 비평에 주목하지 않을 수 없게 한다.

한국교회는 신학적으로 **개인주의**와 **내세지향적 구원관**에 뿌리박고 사회문화적 참여에서는 **분리모델**을 오랫동안 견지해 왔었다. 국가와 공적 영역에 대해서도 한국의 주류 장로교는 칼뱅주의 개혁파를 표방했으나 '선지자적 참여(engagement)'나 '국가의 양심' 역할보다는 오히려 루터파 전통의 '교회와 국가의 분리'라는 "두 왕국론"을 선호했다. 그러던 중 최근 한국정치가 의회와 정당중심의 궤도를 벗어난 '광장의 정치'에 빠져든 와중에 제도권 교회들은 급작스럽게 준비없는 정치참여의 소용돌이에 자의반 타의반 동원되고 있는 실정이다.

종교와 문화의 분리에 오랫동안 자족하고 익숙해 하던 한국교회가 역사적 경험과 신학적 성찰이 미비한 채 정치적 수준의 사회참여로 돌입한다는 것은 논리적으로도 지극히 불안하고 위험한 일이다. 복음적이지만 대중성을 지향해온 보수적 교회들은 공공성과 사회적 섬김을 복음의 본질 아닌 2차적 과제, 즉 필요조건 아닌 충분조건으로 간주해 왔다. 당연히 윤리신학과 문화신학은 제도권 신학에서 중심적 아젠다가 되지 못하였고 진지한 연구와 담론을 생산하지 못했다. 그런 상태에서 광장정치의 격동은 사상적 준비가 없으나 대중동원력을 보유한 제도권 교회들에게 유혹과 덫이 되고 말았다.

19세기 중엽 영국의 상황과 우리 현실의 가장 높은 유사점은 아놀드가 묘사하고 있는대로 '**주요한 국가적 문제들에서 사사건건 심각한 지적, 사회적 분열을 야기하고 있다**'는 것이다. 그 이유는 '새로운 사회질서에 대한 각 집단들의 사고방식과 견해의 차이가 깊고 단단하기 때문'이다. 이러한 상태에서는 정치든 종교든 어떤 이슈에서도 결론적 선택을 놓고 논쟁하는 것은 무의미하다. 정보와 가치에서 공히 편향된 성향과 경직된 인지구조를 건강하게 회복하는 것이 선결과제이다. 아놀드가 **도덕적 이상**과 **사회적 비젼**에서 공동의 기반을 마련하지 못한 19세기 영국사회를 향하여 인문교양을 처방으로 내어놓은 것도 이것을 위함이었다.

그러면, 지극히 원론적이고 '지당한 말씀(truism)' 수준으로 들릴 수 있는 이 주장을 우리는 어떻게 받아

들여야 할 것인가? 교양은 사고와 성품의 완성을 추구하기 위한 토대이다. 그 자체가 최종목적이 되어서는 안될 뿐 아니라 그것도 관념적인 명제로 추구한다면 또하나의 맹목적인 교조주의를 낳게 될 것이다. 교양의 원천인 인문학의 속성은 '지식을 발견케 하는 지식'이다. 인문교양 담론은 성급하게 이념과 신조의 결론을 제시하기보다 올바른 가치와 목적을 분별하는 지성구조의 형성을 목적으로 해야 할 것이다.

이 책의 바탕이 된 원고는 오래 전 무려 80년대 대학원 시절의 논문이다. 19세기 영국의 종교상황과 한국교회의 높은 상관성에 매료되어 택한 주제였으나 학문적으로 지성사적 고찰이 부족했고 목양적으로는 지나치게 비판적이라 생각되어 묻어두었다. 그러나 세월이 흐른 지금 한국교회는 연륜이 쌓이면 거룩한 지혜로 성숙하리라는 기대를 저버리고 오히려 더욱 아놀드의 필리스티니즘(Philistinism)이 지배하는 상황이 되었다. 과거에는 나이브한 반지성주의였다면 이제는 몽매주의(obscurantism)가 되어버렸다. 그 결과가 정치세력과 거짓 신비주의에 휘둘리며 시민사회를 어지럽히는 오늘의 모습이다. 이런 상황에서는 비판을 회피하는 것이 오히려 문제이다.(눅6:26) 비판은 그릇된 현실을 분별하고 부정함으로써 참된 의미를 발견하는 출발이기 때문이다. 그리고 오늘의 영국 복음주의가 양적으로는 축소되었으나 그나마 신학적 함량과 영적 건강성을 유지하는 이유는 아놀드와 같은 철저한 비판이 있었기 때문이라고 보아야 한다. 이 책이 한국교회가 기독교 학문과 지성적 경건운동을 다시 살려나가기 위한 현실진단의 1차적 자료로 쓰이기를 바란다.

끝으로, 여러 면에서 부족한 소산이나 그럼에도 이것을 가능케 해주신 분들께 감사의 말씀을 드리지 않을 수 없다. 독타 피에타스를 후원해 주신 샬롬교회 교우들, 개척과 독립의 정신으로 성실하게 자기 역할을 감당해 가는 주연,요셉과 한국사정을 늘 걱정하며 기도하시는 미국의 어머님과 가족들, 청년신학아카데미 사역을 통해 귀한 착상을 나눌 수 있었던 문지웅 목사와 기획위원들, 안정민 간사, 디자인과 제작을 맡아주신 윤동혁 선생께 감사드린다. 그리고 매튜 아놀드 연보를 제공해 주시고 추천사를 써주신 덕성여대 영문과

의 윤지관 교수님께 감사드린다. 매튜 아놀드에 대한 폭넓은 연구를 위해서는 윤교수님의 「근대사회의 교양과 비평」(창비)을 추천한다. 초고를 읽고 조언해 주신 조철원 교수, 성낙현 교수, 서덕영 교수, 윤영휘 교수, 희년선교회의 이헌용 선교사, IVF복음주의연구소의 이강일 소장, 국제학생선교회의 김승홍 간사, Youth & Community 김대만 목사 등 벗들과 동역자들께 고마움을 전한다.

2020년 3월 13일
오형국

목차

1
서론 : 신조(creed)에서
지성구조(mentality)로

매튜 아놀드(Matthew Arnold, 1822-1888)는 19세기 영국의 많은 사회비평가들 가운데서도 당대의 사회적 병리와 해법을 종교와 관련하여 통찰했다는 점에서 관심을 끄는 인물이다.

그는 시인이며 사회비평가였을 뿐 아니라 평생 영국 전역의 교육현장을 순회하는 장학관직(1851-86)을 수행하였고 후년에 옥스퍼드의 시학 교수를 역임했다. 부친은 럭비스쿨의 전설적 교장인 토마스 아놀드였다. 그의 주저인 「교양과 무질서」(Culture and Anarchy : Essays in political and social criticism)는 정치,사회 비평이지만 실질적으로는 정치적 사고 이면의 기질과 인식구조를 형성하는 종교에 대한 비평이다.

고전적 인문주의자로서 아놀드의 신랄한 풍자와 해박하고 섬세한 통찰은 가히 **19세기의 「우신예찬」**이라고 할 만하다. 16세기 종교개혁 전야에 당대의 인문주의자 에라스무스가 로마 카톨릭 교회를 풍자적으로 비판한 「우신예찬」(1511)은 출간되자마자 유럽 전역에 큰 호응을 일으킨 바 있다. 신학자들이 하지 못하는 제도 교회 비판을 문학의 상상력과 은유, 풍자의 힘으로 한 것이다. 영국 민주주의 개혁의 고비인 2차 선거법 개혁(1867) 전후에 씌여진 「교양과 무질서」는 단순한 문학적 풍자를 넘어서 **정치경제적 사안에 대한 문화적 대응**이다.

그의 비평의 목적은 산업혁명 이후 강력한 사회세력으로 성장하고 있는 중간계급이 시대정신과 사상의 변화를 이해할 수 있는 교양능력을 갖추게 하는 것이었다. 중간계급은 주로 비국교도(非國敎徒,dissenter)로 구성되었는데, 비국교도란 역사적으로 16세기에 국왕을 수장으로 하는 국교회(Anglican church)가 성립될 때 이를 거부했던 교파들을 가리킨다. 이들은 17세기 퓨리턴 혁명의 중심세력으로서 국왕을 폐하고 영국사회를 주도했었으나 크롬웰 사후 왕정복고(1660)가 이루어지면서 영국사회의 주변부로 밀려나게 되었다. 그 결과, 상업을 기반으로 한 중간계급은 강인한 종교심과 경제적 세력을 유지하였으나 편협한 경건과 반지성주의에 빠지게 되었으며, 당시의 시대적 변화와 영국사회가 나아갈 방향에 대한 성찰능력을 갖지 못하고 있었다.

아놀드는 이러한 비국교도들의 기질과 성향을 필리스티니즘(philistinism), 즉 속물성으로 규정한다. 이 용어는 구약성서의 블레셋인(Philistines)을 가리키는 것으로서 중간계급을 향한 풍자이다. 필리스티니즘은 심미적으로는 조야하고 인지구조에서는 반지성주의와 단선적 사고를 뜻한다. 지향하는 가치에서는 상업적 실리주의의 경향성을 지닌다. 그는 영국사회가 산업화와 계급갈등을 겪으며 민주주의로 이행하는 과정에서 사상과 의견의 분열을 극복하지 못하는 요인이 여기에 있다고 보았다.

프랑스 혁명 이후 19세기 내내 유럽 국가들은 혁명적 변혁의 진통을 겪고 있었다. 영국사회는 1832년 제1차 선거법 개혁을 통해 귀족 중심의 특권적 신분사회를 벗어나는 과정에 들어섰으나 새로운 사회질서에 대한 공감대를 이루지 못하고 치열한 대립과 분열을 겪고 있었다. 이것은 오늘날 21세기의 한국사회가 아직도 동일하게 경험하고 있듯이 **단순히 정책이나 견해의 차이가 아니라 개인과 공동체, 정치적 자유와 사회적 평등, 자유방임과 국가의 역할 등 세계관적 인식과 사고방식의 충돌이었다.** 아놀드는 당시 정파와 계급 간의 끈질긴 분열과 혼란이 거의 정신적 무정부(anarchy) 상태에 달했다고 보았다. 이를 해결하기 위해서는 현실상황을 기존의 신념과 취향, 도식적 고정관념에 매이지 않고 '있는 그대로' 파악할 수 있는 지성과 감각이 필요하다고 믿었다. 그리고 그것을 가능케 하는 것을 교양이라고 주장한다. 여기서 교양이란 고전적 인문주의 전통에서 추구하는 인간성의 완성이며 통전적 인식능력의 함양을 뜻한다.

이러한 교양론의 견해와 주장에 대해서는 당시나 지금이나 적지 않은 사람들이 의구심을 갖는다. 관념과 취향에 머물곤 하는 교양론이 어떻게 견고한 정치,경제적 이해의 반목과 사상적 교착을 해결할 수 있겠는가이다. 그래서 실용주의자들이나 마르크스주의 사회비평가들은 아놀드의 교양론은 내재된 개인주의와 귀족적 취향으로 인하여 기득권의 현상유지에 기여할 뿐이라고 비판한다.

그러나 아놀드의 타당성을 판단하기 위해서는 주목할 점이 있다. 아놀드의 교양론이 주장하는 바는 단순히 엘리트 지향의 계몽주의적인 이성 중심의 교육이 아니라는 것이다. 그가 추구한 교양론의 목적은 **중간계급을 구성하는 비국교도들의 종교를 갱신**하는 것이었다.

당시 비국교도들이 열정적이지만 반지성주의적인 신앙 형태는 "열(熱)은 나지만 빛은 없다"는 야유를 받을만큼 지적, 사회적 역기능을 낳고 있었다. 인문교양은 그 자체로서는 역사변혁의 역동성을 방출하지 못하지만 종교의 지적, 문화적 차원을 순화시킴으로서 도덕과 사상의 원천으로서 작용하게 할 수 있다. 아놀드는 열정적인 비국교도인 중간계급 구성원들의 종교적 기질과 사고방식이 개혁된다면 시대정신에 부합하는 역할을 감당할 수 있으리라고 믿었다.

여기서 아놀드의 교양론과 관련하여 또한가지 유의할 점이 있다. 그것은 인문교양과 종교는 신조의 차원에서 만나는 것이 아니라는 사실이다. **인문학 내지 인문교양이 종교를 변화시킨다는 것은 기존의 신앙고백이나 신조를 대체하는 것이 아니라 지성구조(mentality)를 갱신하는 것이다.** 종교의 신앙고백적 내

**종교의 진정성이란 교의적 신조만이
아니라 윤리적, 문화적 비전을 형성하는
지성구조(mentality)의 특질에 크게 의존되어
있다는 사실이다.**

용이 신조라면 그것을 담아내고 표현하는 언어와 사
고방식, 인지구조가 포괄적 의미에서 지성구조이다. 종
교적 신앙이 역사와 문화를 형성하는 힘으로 작용하기
위해서는 성숙한 지성구조가 확보되어야 한다. 종교가
개인적 삶에서 진정성을 추구한다 할지라도 정치와 교
육 등 공공영역에서 종종 왜곡된 역기능을 나타내는 이
유는 지성구조의 취약함 때문이다. 아놀드의 비평은 그
러한 현상이 종교가 일반문화와 유리되어 발달할 때
발생한다는 것을 통찰력있게 해명해 준다. 그의 비평에
서 우리가 새겨야 할 핵심은 종교의 진정성이란 교의적
신조만이 아니라 윤리적, 문화적 비전을 형성하는 지성
구조(mentality)의 특질에 크게 의존되어 있다는 사실
이다.

2
빅토리아 시대의 사회변화와 종교상황[1]

매튜 아놀드가 시인과 교육행정가, 그리고 무엇보다 사회비평가로서 활동하던 당시의 영국사회는 전통적 귀족기반의 사회체제에서 민주주의로 전환이 이루어지고 있었고 지식인들 사이에서는 이것이 시대정신이라고 인정하는 분위기가 형성되면서도 적지않은 우려와 불만족, 위기감이 자리잡고 있었다. 영국의 19세기 지성사는 이러한 시대적 난국을 극복하는 과정에서 체계적인 사상가 외에 수다한 문인, 작가, 그리고 사회비평가들의 출현을 보게 된다.

이 시대는 프랑스 혁명(1789-1815)의 여파가 전유럽에 미치고 있는 상황에서 산업혁명이 진행되며 그와 동시에 부르주아 중간계급의 흥기와 노동계급의 형성이

---

1 영국사에서 19세기는 빅토리아 여왕의 재위기간(1837-1901)과 거의 일치한다. 이 기간은 '빅토리아 시대'로 통칭되며, '해가 지지 않는 나라'로 불렸던 대영제국의 최전성기와 일치한다. 64년간의 재위 기간 동안 안정적인 왕권을 수립하였는데, '군림하되 통치하지 않는다'는 영국 왕실의 전통이 이때부터 시작되었다.

나타나고 있었다. 영국은 산업혁명과 자본주의 발전의 선두주자로서 자연히 빈부격차와 계급갈등의 모순을 치열하게 겪고 있었다. 흔히들 영국사회는 의회주의 전통 덕분에 폭력적 혁명을 겪지 않고 점진적 개혁을 통해 민주주의로 쉽게 이행한 것으로 이해하는 것을 볼 수 있다. 그러나 이 시대의 국민작가라 할 수 있는 찰스 디킨스의 「올리버 트위스트」 등의 작품에 생생히 묘사되듯이 빈곤계층의 참상과 계급갈등의 과격성은 간단치 않은 것이었다. 이와 관련하여, 마르크스는 공산주의 혁명이 일어날 첫 번째 국가로 영국을 지목했었고, 치밀한 실증적 연구로 영국사를 서술한 프랑스인 엘리 알레비 역시 '만일 경제적 요소들만으로써 인간의 역사과정을 설명한다면 19세기의 영국은 분명히 다른 나라들보다 앞서 정치와 종교 양면에서 혁명으로 치달을 수 밖에 없었다'고 보았다. 정치체제나 기성 교회는 이 나라를 지탱할 만한 힘이 없었던 것이다.[2] 알레비는 그

---

2   Élie Halévy(1870-1937), *Histoire du Peuple Anglais au XIXe Siècle*. tr. by E. I. Watkin. *History of the English People in the Nineteenth Century* London: Ernest Benn, Ltd. cf. Elissa S. Itzkin (1975). "The Halévy Thesis: A Working Hypothesis? English Revivalism: Antidote for Revolution and Radicalism 1789-1815," *Church History*, Vol. 44, No. 1, pp. 47-56 ; Walsh, J.

새로운 사회질서에 대한 각 정파와 계급간의
사고방식과 견해의 차이는 깊고 단단했다.
그 결과 필연적으로 이 시대는 주요한 국가적
문제들에서 사사건건 심각한 지적, 사회적
분열을 야기하고 있었다.

러한 상황에서 영국이 대륙국가들과 달리 의회의 정치
과정을 통해 계급투쟁의 해소와 민주주의 확대를 이루
어 낼 수 있었던 것은 **웨슬리의 메쏘디스트**(Methodist,
감리교) **운동이 폭넓은 사회개량적 효과를 내면서 혁
명적 자코뱅주의의 해독제 역할을 했기 때문**이라고 판
단한다

그러나, 중간계급에 선거권을 부여한 1832년의 1차
선거법 개혁으로써 혁명의 위기를 벗어났지만 1840년
대 차티스트 운동을 거쳐 모든 성인 남자에게 선거권이

D. (1975). "Elie Halévy and the Birth of Methodism," *Transactions of the Royal Historical Society*, Fifth Series, Vol. 25, pp. 1-20.

1851 수정궁(Crystal Palace)에서 열린 런던만국박람회. 영국이 산업 혁명으로 이루어낸 기술발전을 과시하는 효과가 있었다.

부여되는 2차 선거법개혁(1867)으로 정치적 민주화의 과정이 진행되는 동안 새로운 사회질서에 대한 각 정파와 계급간의 사고방식과 견해의 차이는 깊고 단단했다. 그 결과 필연적으로 이 시대는 주요한 국가적 문제들에서 사사건건 심각한 지적, 사회적 분열을 야기하고 있었다.

아놀드는 이러한 이견이 단순한 견해 차이가 아니라 기질과 지성구조 차원의 깊은 병리로 파악하였다. 그리고 이것을 치유하지 않고는 영국사회의 갈등과 내적 혼란은 곧 정신적 무정부상태로 나아갈 것이라는 심각한 위기의식을 갖게 되었다.

1) 중간계급과 비국교도

아놀드는 당시 영국사회의 구성을 당시의 통념대로 귀족, 중간계급, 노동계급의 3계급으로 파악하였는데, 그 중추적 역할이 귀족계급에서 중간계급으로 옮겨가고 있다고 보았다. 그리고 중간 계급을 구성하고 있는 비국교도(非國敎徒)들의 종교적 특성이 이 계급의 정신적 성향과 지성구조(mentality)를 형성하고 있다는 사실을 비판적인 입장에서 규명하고자 하였다. 그의 비평의 목적은 중간계급이 다가오는 세대의 주축 역할을 감당할 만한 교양과 사상을 갖추게 하는 데 있었다. 정확히 말하면 민주주의라는 새로운 **시대정신과 세계관**을 이해할 수 있는 정신적 성향을 함양시키려는 것이었다.

피털루(Peterloo)의 학살(1819). 맨체스터의 성베드로(Peter)광장에
6만-8만의 군중이 집결하여 투표권을 요구했다. 집회 외곽에서 군중을
지켜보던 영국군 제15 검기병대와 용병들이 칼을 빼들고 무방비 상태
의 군중을 향해 돌격하여 아수라장이 벌어졌다. 비극적인 사실은, 칼을
휘두르는 말 위의 기병들은 물론이고 그 칼에 쓰러지는 시민 가운데도
나폴레옹을 몰락시킨 워털루 전투의 참전군인들이 많았다는 것이다.
한 제대 군인은 칼을 맞고 죽어가면서 이렇게 절규했다. "워털루에서
는 남자 대 남자로 싸웠지만 이건 학살이야." 정부는 11명이 죽었다고
발표했다. 그러나 현장에서 칼을 맞은 사람은 500명을 웃돌았다.이 사
건은 워털루 용사들이 피터 광장에서 비무장 시민을 상대로 벌인 학살
이라 비꼬는 이름으로 '피털루 학살'이라 불렸다.

**19세기 비국교도들의 사회적 조건과
신앙체질은 17세기 퓨리턴들과는 기독교의
근본신조에서는 동질성을 유지하지만 윤리,
문화적 비전에서는 판이한 차이를 갖게 된다.**

비국교도란 역사적으로 16세기에 국왕을 수장으로
하는 국교회(Anglican church)가 성립될 때 이를 거부
(dissent)했던 퓨리턴(puritan)들을 가리키는 명칭이었
다. 퓨리턴들은 17세기 영국혁명기에 의회의 중심세력
으로서 국왕을 폐하고 영국사회를 주도했었으나 크롬
웰 사후 왕정복고(1660)가 이루어지고 다시 국교회 세
력이 지배하게 되자 공직과 고등교육에서 배제되면서
영국사회의 주변부로 밀려나게 되었다.[3] 그러므로 19세
기 비국교도들의 신앙체질은 17세기 퓨리턴들과는 기
독교의 근본신조에서는 동질성을 유지하지만 윤리, 문

---

3   잉글랜드에는 1820년대까지 600여 년간 옥스퍼드와 케임브리지의 두 대학
만이 존재하였는데 1854년까지 모든 학생들에게 국교회 신조인 39개조의 서약
을 요구하였다.

국민생활의 주류(main stream of national
life)에서 벗어나 있었으므로 편협한 경건과
반지성주의에 빠져 있었다.

화적 비젼에서는 판이한 차이를 갖게 된다.

　비국교도들은 전통적으로 상업에 기반을 두고 있었
는데 강인한 종교심과 경제적 세력을 확보하고 있었다.
그들은 산업화 시대의 경제성장 속에서 점점 더 역동적
인 사회집단으로 성장하고 있었다. 그러나 오랫동안 국
민생활의 주류(main stream of national life)에서 벗어
나 있었으므로 편협한 경건과 반지성주의에 빠져 있었
다. 따라서 당시의 새로운 시대적 변화와 영국사회가
나아갈 방향에 대한 충분한 성찰능력을 갖지 못하고
있었다.[4]

4　그는 개인적으로는 일찍이 전통적인 기독교 신앙을 포기하고 있었으나 부친
인 저명한 럭비(Rugby)학교의 교장 토마스 아놀드와 당시 옥스퍼드(Oxford)운
동의 지도적 인물이었던 존 헨리 뉴만(J. H. Newman) 등의 영향 아래서 유럽문

찰스 디킨스의 「올리버 트위스트」의 한 장면

    종교에 대한 아놀드의 주된 관심은 사회 전체의 진보, 그 중에서도 정치와 교육에서 종교의 역할에 관한 것이었으나 한편으로는 동시대의 지식인들이 겪고 있는 종교적 신앙 자체에 대한 회의와 갈등도 충분히 이해하고 있었다. 아놀드의 종교와 사회비평을 이해하기

명의 종교적 전통에 대한 깊은 이해와 공감을 갖고 있었다. J. D. Wilson은 아놀드의 사후 출간된 비망록 Notebooks(1903)에서는 그가 만년에 다시 경건한 그리스도교 신앙으로 복귀한 것으로 나타나고 있다고 하였다. 다만 아놀드가 1870년대 이후로 새로운 종교적 저술을 내어 놓은 것은 없다.

위해서는 빅토리아 시대의 종교적 배경과 함께 사회적
변화의 과정을 살펴볼 필요가 있다.

2) 종교의 성장과 문화의 세속화

빅토리아 시대의 영국사회에는 종교적인 면에서 서
로 상반되면서도 강력한 영향력을 갖는 사조들이 공존
하고 있었다.[5] 한편에서는 중간계급 중심의 교회들이
크게 성장하며 신앙문서운동, 해외선교가 활발히 진행
되었다. 이 시기에 찰스 스펄전(1832-1892), 허드슨 테
일러(1832-1905) 등이 활동하였다. 국교회에서도 존 헨
리 뉴먼(1801-1890) 등에 의한 옥스포드 운동이 일어났
다. 이러한 현상들은 이 시대를 깊은 신앙의 시대로 보
게 한다. 다른 한편으로 지식인 사회에서는 지질학과
생물학의 발견들과 성서에 대한 역사적, 문헌적 비평의
대두로 인하여 전통적 신앙에 대한 회의와 혼돈이 야기

---

5   A. R. Vidler, *The Church in the Age of Revolution 1789 to the Present
Day*(Harmondsworth : Penguin Books, 1979, 1961), pp. 112ff.

찰스 스펄전과 타버나클 교회당

되고 있었다. 진화론의 관점에서 찰스 라일의 「지질학
원리」(1830)와 찰스 다아윈의 「종의 기원」(1859) 등이
출간되었다. 마르크스의 「공산당 선언」(1848)이 런던에
서 출간된 것도 이 시기였다. 토마스 카알라일, J.S. 밀,
조지 엘리어트, 존 모얼리, 레슬리 스티븐, T.H. 그린, 제
임스 푸르드 등 이 시대의 거의 모든 대표적 지식인들
이 종교적 갈등 내지는 적어도 관습적인 정통 교의와는
거리가 먼 신앙관을 표명하고 있었다. 특히 T. H. 헉슬
리를 필두로 하는 과학적 자연주의자들이 진화론의 세

찰스 다아윈의 「종의 기원」(1859)

계관에 근거한 반종교적 사조를 전파하고 있었다. 그들
은 왕립위원회 등 문화 및 학술기관을 장악했기 때문
에 영향력을 더 확대할 수 있었다.[6] 무엇보다도 이 시대
의 종교적 불안을 단적으로 말해주는 사실은 신앙상실

---

6   특히 T.H.헉슬리의 경우 그는 당시 영국의 과학에 관한 행정의 절반 이상을
주관하고 있었다. 그는 인종학회, 지질학회, 영국협회의 총무를 10년간이나 역
임하고 있었고 왕립위원회 위원이기도 하였다. William Irvine, *Apes, Angels &
Victorians*(New York : Time Inc., 1963), p.322.

민주주의가 세계가 변화하는 필연적인 방향이라고 주장하기는 했으나 이것이 맹목적으로 추구될 때 과거의 전통과 단절되고 문화의 이상을 결여한 기계적인 사회를 만들게 될 것이라고 경계하였다.

을 고백하는 작품들이 다른 어느 시대보다도 많이 양산되었다는 점이다. 그러므로 이 시대는 단순히 종교심이 깊은 시대라고 말하기보다는, 어느 누구도 종교문제에 무관심할 수 없을 만큼 첨예하고 대립적인 종교의식이 지배한 시기였다고 말할 수 있다.

이처럼 문화계 내부에서는 종교의식(宗教意識)의 위기가 조성되고 있었고, 사회적으로는 19세기 후반까지 산업자본주의가 계속 성장하면서 중간계급 부르주아의 지배가 확립되어 가고 있었다. 한편에서는 1832년의 제1차 선거법 개혁에서 소외된 하층 중간계급과 노동계급의 연합세력이 의회개혁과 민주주의의 확장을 위한 투쟁을 전개하고 있었다. 이것은 존 브라이트, 에

드먼드 빌즈 등 의회 급진주의자들과 연계하여 대중운동으로 발전하고 있었는데 1866년의 하이드 파크 사건은 군대의 동원을 고려할 정도로 심각한 충돌이 발생한 것이었다. 이런 상황에서 일부 지식인들은 대중 민주주의에 의한 사회의 비속화를 우려하고 있었다. 아놀드 역시 민주주의가 세계가 변화하는 필연적인 방향이라고 주장하기는 했으나 이것이 맹목적으로 추구될 때 과거의 **전통과 단절되고 문화의 이상을 결여한 기계적인 사회를** 만들게 될 것이라고 경계하였다. 그러나 아놀드의 주된 관심은 정치구조의 변혁방식보다는 이면에서 **정치와 문화적 위기의 원인으로 작용하는 종교적 요소에** 있었다. 그는 자신이 '상업과 비국교의 위대한 대표자'라고 규정한 바 있는 중간계급의 특징적인 기질과 관념, 사고방식에 초점을 맞추었다. 이것들은 중간계급의 종교적 배경에서 말미암은 것인데 그들이 영국의 국민생활을 지배하게 됨에 따라 영국사회 전체에 영향을 미치게 된 것이었다.

3
19c 영국 사회계급의 문화적 특성

아놀드는 2차 선거법개혁(1867) 전후의 사회평론을 모아 출간한 「교양과 무질서(Culture and Anarchy)」 (1869)에서 당시 영국의 사회 계급을 귀족, 중간계급, 노동계급으로 삼분하여 분석하고 이들을 각기 야만인(Barbarians), 속물(俗人 Philistines), 우중(愚衆, Populace)이라고 칭하였다. 삼분법 자체는 이 시대의 일반적 통념이었다. 카알라일은 노동하지 않는 소유주, 소유주 겸 노동자, 노동자로 분류하였고, F. D. 모리스는 귀족, 상업계급, 노동계급으로 나누고 있었다. J. S. 밀은 당시의 정치경제학자들이 지주·자본가·노동자라는 세 계급의 구분을 마치 신의 규례에 의한 것처럼 간주하고 있음을 지적한 바 있다.[7]

아놀드의 계급 논의는 객관적인 사회적 조건보다는

---

7   Harold Perkin, *The Origin of Modern English Society 1780-1880*(London : Routledge Kegan Paul, 1978), P.257

각 계급 구성원들의 개인적 차원의 취향과 기질적 특성을 주목하여 수사적으로 표현한 것이었다. 이것은 경제문제를 계급의 본질로 간주하고 사회변동의 이론을 추구하는 관점에서는 매우 미흡하게 보일수 있다. 그러나 인문주의자로서 인간완성의 관점에서 계급집단의 정신적 특성을 세밀히 고찰하고 풍자로써 개선을 촉구하는 것은 사회비평으로서의 충분한 가치를 인정받을 수 있다.[8] 특히 「교양과 무질서」가 제2차 선거법 개혁(1867)을 전후로 한 정치적 격동 속에서 다가오는 세대의 중심이 될 사회세력의 자질을 분석하려는 아놀드의 의도는 진지한 시대인식의 발로에 의한 것이었다. 그리고 정치경제학적으로만 다루어 지는 사회문제에 대하여 문화적 대응이 지니는 힘을 보여주는 의미가 있다. 문화적 대응이란 인간들의 구체적 삶에 토대를 두는 것이므로 사회변동에 대한 물리적 이해와는 다른 일종의 살아있는 인식이 담길 수 있다.[9] 무엇보다 교양과 문화에 대한 아놀드의 관점은 **개인적(personal)인 차원에서**

---

8   E. Goodheart, *The Failure of Criticism*(Cambridge, Mass. : Harvard Univ. pr., 1978), p.43.

9   윤지관, 「근대사회의 교양과 비평-매튜 아놀드 연구」(창작과 비평사,1995)

교양과 문화에 대한 아놀드의 관점은
개인적(personal)인 차원에서 출발하지만
사적(private) 차원에 국한된 것은 아니었다

출발하지만 사적(private) 차원에 국한된 것은 아니었
다는 점을 주목해야 한다.

1) 귀족 - 야만인(Barbarians)

아놀드는 귀족계급을 향하여 '야만인'이라는 호칭
을 사용키로 하였다. 이 용어는 고전 고대의 문명 즉 로
마제국을 붕괴시키고 유럽 봉건사회의 지배자가 된 게
르만 민족들을 가리키는 것이었다. 이 계급은 과거에는
영국을 위대한 국가로 만들어 온 주역이었다. 신체적인
활동과 외적인 품격에서 탁월한 예의범절을 갖고 있으
나 정신적 내면세계에서는 사고와 정서의 힘이 아직 일

1866 하이드파크 폭동사건

깨워지지 않은 자연상태에 있다고 풍자하였다.[10]

　지주 엘리트 계급을 형성해 온 귀족들에게 이상적인 시민상은 유한계급(有閑階級)의 젠틀맨(leisured gentleman)이었고, 그들은 상속된 수동적 재산(passive property)과 폐쇄적인 연고제를 기반으로 한 온정주의(paternalism) 사회를 여전히 선호하였다.[11]

10　Matthew Arnold, *Culture and Anrchy*, 윤지관 역, 「교양과 무질서」(한길그레이트북스1451 한길사, 2-16), p.129.

11　H.Perkins, pp.221. 227, 231. 오주환, "영국중산계급의 형성", 「시민계급

귀족들에게 이상적인 시민상은
유한계급(有閑階級)의 젠틀맨(leisured
gentleman)이었고, 그들은 상속된 수동적
재산(passive property)과 폐쇄적인
연고제(patronage)를 기반으로 한
온정주의(paternalism) 사회를 여전히
선호하였다.

　　귀족계급과 대조를 이루는 중간계급이 추구한 사회
상은 생산적인 활동자본을 사회발전의 원동력으로 생
각하는 **기업가적 이상**, 그리고 능력에 따른 선발원칙을
추구하는 **전문직의 이상**을 기반으로 한 것이었다. 중
간계급의 입장에서 볼 때, **세습하는 지주엘리트**의 수
동적 재산은 나태를, **끼리끼리의 폐쇄적 연고제**는 부패
를, **유한계급 젠틀맨**은 부와 권력을 비생산적으로 낭비
하는 무익한 기생충에 불과하였다. 이를 타파하기 위해
중간계급은 정치에서 의회개혁을, 상업에서는 보호주

과 시민사회-비교사적 접근」, 노명식 외.(한울, 1993)에서 재인용.

의와 독점폐지를 위한 자유무역과 공개경쟁을 요구했던 것이다.[12] 한편, 노동계급이 추구하는 사회도 생산적이고 독립적인 노동자가 이상적인 시민으로 인정되고 노동과 상호협동에 기반하는 평등사회였다.

한 사회집단의 문화적 가치와 행동원리를 평가하기 위해서는 그것들이 시대의 필요와 과제에 부합하는지, 그리고 다른 새로운 이념적 가치들과 조화될 수 있는가를 고려해야 한다. 역사적 변화를 견디는 고전적 가치와 시대착오적 행습은 거기서 구별되는 것이다. 위와 같은 대비에서 보듯이. 귀족계급의 이상과 이데올로기는 중간계급과 노동계급이라는 새로운 사회집단의 형성이나 민주주의라는 역사적 변화와 그것을 추동하는 사상운동을 이해하지 못하게 하는 것이었다. 오히려 어려서부터 늙을 때까지 유혹과 아첨에 의하여 손상된 귀

---

12   L.Stone & J. Stone, *An Open Elite? England 1540 – 1880*, (Oxford:Clarendon Press, 1984). 귀족계급의 사회적 역할과 기여에 대하여는 온정주의적 사회관에 입각한 긍정적 견해가 있다. 로렌스 스톤 부처의 견해이다. 1834년 이전의 귀족계급이 공공복지사업을 담당하고 무급으로 공무를 담당한 것이 그들만의 권력과 권위를 확대하기 위한 것은 아니고, 전체적으로 보아 그들이 무책임한 시대는 없었다고 주장한다. 오주환, 같은 책에서 재인용.

족들의 정신은 물질주의에 빠질 수밖에 없으며, 이것은 산업의 발달이 물질적 수단을 증가시킬수록 더 심하게 되는 것이었다.

아놀드는 변화에의 오만한 저항, 타고난 완강함과 기백, 성가신 것에 대한 무관심에서 연유하는 침착성 등의 기질적 성향은 이 계급의 장점을 이루기도 하지만 사물의 유동성과 모든 인간제도의 불가피한 변동에 대한 감각을 저해하고 있다고 보았다.[13] 토지재산에 기반한 귀족계급의 세습에 관해서 아놀드는 독특한 통찰을 보여주고 있다. 그는 귀족들의 세습재산권은 **불안정한 변화와 영주의 책임수행을 요하는 일들이 빈번했던 봉건시대에는 오히려 정당성을 인정받을 소지가 있었으나, 안정되고 즐길 것이 많아지며 무엇보다 부의 확대가 급증하는 상황**에서는 그대로 지속될 수는 없다고 주장한다.[14]

---

13 「교양과 무질서」,pp.123ff.

14 같은 책.

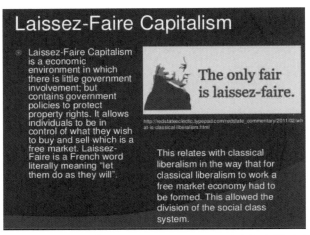

"내버려 두라(let go)"는 의미의 불어 레쎄 페르는 개인의 경제활동의 자유와 국가의 간섭을 가능한 배제하는 중간계급의 경제적 신조였다.

2) 중간계급- 속물(Philistines)

아놀드는 「교양과 무질서」에서 중간계급을 '속물(Philistinism)'이라고 불렀다. 이 말은 구약성서에 나오는 선택된 백성 즉 '빛의 자녀들'을 괴롭히던 블레셋 사람들(philistine)의 호칭에서 유래한 것이었다.

이 시대는 경제적인 면에서 자본과 경쟁에 기초한

이들의 기질적인 특징은 저돌적이고 타산적인 이윤추구의 성향이었다. 중간계급은 산업과 경제면에서 영국의 국민생활을 지배해 나가고 있었다. 따라서 이들의 사상과 관념이 전 영국의 사고방식에 영향을 미치고 있었다.

사회였으며, 중간계급 시민의 전형은 활동적인 소유경영자, 자수성가한 산업화 시대의 자본가들이었다. 그 밖에 은행가, 의사, 변호사, 건축업자, 토목기사 등의 전문직업을 가진 사람들이 중간계급의 주류를 이루고 있었는데, 여기에 해당되는 인구는 1820년대에 전체 인구의 약 15%, 그리고 1850년에 이르면 약 20%에 해당한다.[15] 1865-66년 당시에는 가구 수로 20만 가구에 달하고 있었다. 그러나 이 집단에 속하기 위하여 노력하는 소상인, 독립 수공업자 등의 계층까지 포함시키는 것이 중간계급을 가장 광범위하게 정의하는 것이었다. 생활양식상의 특징은 집안에 하인을 고용하는 것이었다. 이

---

15   박지향, 「클래식 영국사」(김영사,2012) p. 512.

들의 기질적인 특징은 저돌적이고 타산적인 이윤추구의 성향이었다.[16] 중간계급은 산업과 경제면에서 영국의 국민생활을 지배해 나가고 있었다. 따라서 이들의 사상과 관념이 전 영국의 사고방식에 영향을 미치고 있었다.

그는 이 시대의 전반적인 사회적 성격을 속물성(Philistinism)이라고 불렀는데 그 원천이 중간계급에 있다고 보았다. 속물성이란 '고집과 자기만족에 빠져 있으며, 위엄이나 의연함을 갖지 못하며, 편견으로 인하여 무지하고 경박한 성품'을 뜻하였다. 이 용어는 '성서읽기와 돈버는 일' 밖에 모른다는 야유의 대상이 되었던 영국적 스타일의 실리적이며 반계몽주의적 정신상태를 풍자하기 위해 독일 시인 하인리히 하이네(Heinrich Heine)가 처음 사용하였다.[17]

---

16   H.Perkin, p.221; E.J.Hobsbawm, *Industry and Empire*(Harmondsworth : Penguin Books, 1968), pp.156-157, 333.

17   P.J. McCarthy, op. cit., pp.123, 127 : M.J. Wiener, *English Culture and the Decline of the Industrial Spirit 1850-1980*(London : Cambridge Univ. pr., 1981), p.30, n.13. 아놀드는 하이네를 자신이 가장 높이 평가한 괴테의 진정한 후계자로 꼽으면서 그를 인류 해방의 가장 효과적이고 빛나는 전사라고 애정 어린 찬사를 보낸다. 하지만 하이네의 탁월함은 1830년 혁명에 참여한 정치적 행동이 아니라 그가 평생을 주적으로 규정한 속물근성(philistinism)과 죽느냐 사느냐의 싸움에 헌신한 데에 있다고 보았다. 윤지관,「근대사회의 교양

차티스트 운동 (1838-) "산업혁명을 성공할 수 있었던 것은 자본가들 때문이 아니라 다 우리 같은 노동자들의 피와 땀이 있었기 때문이다! 우리에게도 대표를 뽑을 수 있는 권한을 달라! 6년 전 선거법 개정에도 우리 노동자들은 철저히 배제되었다! 재산으로 사람을 차별하지 말라! 우리는 그들과 동등한 인간이다!"

People's Charter라는 이름으로 인해 '차티스트 운동(Chartist Movement)'이라 명명하게 됨. 요구사항은 다음과 같았다.

(1) 모든 성인 남자의 보통 선거 (2) 인구 비례에 의한 평등한 선거구 설정 (3) 하원의원의 재산자격 폐지 (4) 비밀 투표 (5) 의원에 대한 세비 지불 (6) 매년 선거를 실시할 것.

중간계급 구성원들의 기질을 지칭하는 이 용어는 한국어로 동일하게 '속물'로 번역되는 '스노브(snob)' 와 유사하지만 완전하게 일치하지는 않는다. '스노브

과 비평」(창비,1995), p.65.

(snob)'란 대개 고상한 체하며 자기도취적 우월감을 갖는 위선적 인물을 가리킨다. 여기에는 도덕적으로도 부정적인 함의가 강하게 내포되어 있다. 반면, 아놀드가 비판한 중간계급 비국교도의 '속물성(philistinism)'은 취향의 비속성과 도덕적 판단의 오류가 공존하지만, 도덕성보다는 유연한 지성의 결핍과 심미적 경험의 제한 때문에 형성된 왜곡된 지성구조를 가리키는 것이었다.

　　19세기 영국의 중간계급에 관하여 중요한 사실은 이 계급의 다수가 비국교도 프로테스탄트였다는 점이다. 이 사실은 막스 베버나 R. H. 토니의 연구에서처럼 자본주의의 발달과 프로테스탄트 정신의 상관성에 비추어 이해될 수 있다. 카톨릭이 소수파인 영국에서 국교회가 귀족층과 농촌 사회에 기반을 둔 것에 비하여 비국교도 교회는 도시 대중과 상공업자 계층에 뿌리를 내리고 있었다. 그 중에서도 면방직공업의 중심지인 맨체스터는 비국교도의 중심지로 불리고 있었다. 비국교파는 복음주의적 부흥에 힘입어 1851년에 이르면 신도 수에서 국교회를 압도하게 된다. 또한 국교회와 비국교도 사이의 관계를 보면, 비국교도 출신의 상층 부르주아 중에서 상류계급의 귀족적 생활권(예를 들면 장원의 중간계급이 미숙하지만 종교적 활력을 지니고 있으며 지주계급인 귀족들과 달리 노동윤리를 갖고 있으므로 다음 세대의 중심 역할을 담당할 것으로 보았다. 그러므로 영국사회의 미래를 위해서 중간계급의 속물성은 반드시 치유되어야 한다고 생각했다. 그는 그들에게 가장 필요한 것이 교양(culture)이라고 보았다.

소유)에 편입되기를 원하는 부류는 국교회로 이동하는 경향이 있었다. 물론 비국교계에서도 존 웨슬리의 메소디스트(감리교) 운동은 가난한 자들의 종교로 시작되어 인도주의적인 사회적 관심을 고양하였으며 간접적으로 노동계급 운동에 도움을 주기도 했다 그러나 중간계급 부르주아들의 주된 종교는 전통적인 퓨리턴 비국교도였다.

그는 중간계급에 대하여 때로는 적의를 느끼기도 하였고, 실제로 그의 비평에는 이들에 대한 풍자와 조

소가 가득 차있다. 하지만 그는 중간계급이 앞으로 영
국의 운명을 결정하게 될 것이라고 믿고 이들의 교화가
자신의 사명이라고까지 생각하고 있었다. 그는 가까운
친구인 T.H. 워드에 보낸 서한에서 다음과 같이 말한
바 있다.

> 내가 문학을 위하여 거의 아무것도 하지 못하는
> 가장 큰 이유는 이와 같은 교육문제들에 붙잡혀 있
> 기 때문이다 - 처음에는 참으로 우연히 손에 잡게
> 된 것이지만 - 나는 이 일을 떨쳐 버릴 수가 없다.
> 또 아마도 떨쳐 버리기를 원해서도 안 되는 것이라
> 고 생각한다. 영국의 중간계급 문화의 문제에 비긴
> 다면 시나 에세이 따위가 다 무엇이란 말인가.[18]

그는 중간계급이 미숙하지만 종교적 활력을 지니고
있으며 지주계급인 귀족들과 달리 노동윤리를 갖고 있
으므로 다음 세대의 중심 역할을 담당할 것으로 보았

---

18 *Unpublished letters of Matthew Arnold*, ed. A Whiteridge, (New
Haven : Yale Univ. Pr., 1923) recited in E. Alexander, *Matthew Arnold,
John Ruskin, and Modern Temper*(Columbus : Ohio Univ. P., 1973), p.xi.

다. 그러므로 영국사회의 미래를 위해서 중간계급의 속물성은 반드시 치유되어야 한다고 생각했다. 그는 그들에게 가장 필요한 것이 교양(culture)이라고 보았다. 교양 또는 문화라고 번역되곤 하는 이 단어(culture)의 의미는 아놀드에게는 **개인적 인격의 완성으로서 심미적 지각과 함께 사물을 편견이나 파당적 치우침 없이** (disinterestedness) **바라볼 수 있게 하는 지성적 능력**이었다. 그는 이것을 'sweetness and light'라고 표현하였다. 이 구절은 원래 17세기의 조나단 스위프트가 우아한 아름다움과 지성이라는 의미로 사용한 것이었다.[19] '개방성과 유연함'이라는 의미로 볼 수 있다. 그는 스스로 이것이 중간계급의 정신적 성향에 관한 비평에 매우 적합한 용어라고 생각하였다. 그리고 이것이 중간계급에게 결여된 주원인이 비국교도 종교에 있다는 사실을 규명하려고 했다.

19　스위프트(Jonathan Swift 1667-1745)는 고전과 당대 지식 사이의 우열을 논하는 「책들의 전쟁(The Battle of the Books)」에서 고전정신을 이같이 표현했다.

3) 노동계급- 우중(愚衆 Populace)

한편 '우중'이라 부른 노동계급에 대하여는, 비록 이 계급의 의식수준이 급속히 성장하고 있기는 하지만 아직은 이들이 어떻게 발달할지 예견할 수 없는 불확실한 미형성 단계에 있다고 보았다. 노동계급은 당시 여러 대중집회에서 보았듯이 정부의 모든 기능을 당장이라도 떠맡으려는 태도를 갖고 있었다. 그러나 이들은 귀족이나 중간계급과 같은 경험과 자각을 갖고 있지 못하였다. 더욱이 아놀드는 노동계급의 주장이 계급적 본능에서 나온 것으로 보고, 이것이 '하고 싶은 대로 한다(Doing as one likes)'는 영국인들의 인습적인 자유 개념과 결합될 때 가져올 위험성을 경계하였다. 아놀드는 1848년의 서신에서 당시 노동계급을 낭만시하는 경향에 대한 회의를 표시하고 있다.

나의 정신은 이와 같은 민중(People)에 대한 거칠은 찬사를 이해할 수가 없다.

도대체 민중이란 무엇인가?[20]

또한 「교양과 무질서」에서는 각 계급의 기질을 엄격한 자아와 가벼운 자아의 양면에서 묘사하면서 노동계급의 과격행동주의에 대한 경계심을 강하게 드러낸다.

> 우중의 엄격한 자아는 소리지르기와 몰려다니기와 때려부수기를 좋아하고 가벼운 자아는 맥주를 좋아한다. ... 거칠고 채 개발되지 않았으며 오랫동안 가난과 누추함 속에 반은 묻혀 있었지만 이제 그 은신처에서 나와서 내키는 대로 하는 영국인의 천부의 특권을 주장하는, 그리고 행진하고 싶은 곳으로 행진하고 만나고 싶은 곳에서 만나고 외치고 싶은 것을 외쳐대고 부수고 싶은 것을 부숨으로서 우리를 당혹시키는 그 대부분을 향하여 우중이라는 이름을 부여하는 것이 무척 합당할 것이다.[21]

---

20 Letters to Clough(New York : Oxford Press,1932), p.77 in P.J.McCarthy, *Matthew Arnold and the Three Classes*(New York 1964), p.79.

21 「교양과 무질서」(한길,2016),p.130-131.

하지만 아놀드가 노동계급의 사회적 역량을 불신하긴 했지만, 이 계급의 곤경을 인식하지 못한 것은 아니었다. 오히려 그는 원칙적인 면에서 노동계급의 이상에 적극 동조하고 있었다. 이것은 민주주의와 사회적 평등에 관한 주장, 국교회의 토리(Tory)적 성격에 대한 비판 등에서 발견되고 있다.[22] 그 이유는 아놀드가 상류계급 출신의 동료들과 달리 장학관으로서 영국 전역을 순회하는 가운데 런던의 이스트 엔드(East End), 베스널 그린, 스피털 필드 등 유명한 빈민가와 공단지구를 관찰하며 하층계급 자녀들을 직접 대할 수 있었기 때문이었다. 그러나 그는 하층계급의 생활조건을 향상시킬 수 있는 실질적으로 유효한 방편은 변혁된 중간계급의 손에 있다고 생각했으며, 자신의 일차적인 목표를 중등교육의 재편성에 두고 있었다.[23]

22   토리(Tory)는 귀족과 대지주를 기반으로 왕권과 국교회를 지지한 정당으로서 보수당의 전신이다. 자유당의 전신인 휘그(whig)당과 양당구도를 유지하였다.

23   「교양과 무질서」(한길,2016), p.150ff.

퓨리터니즘은 강인한 도덕성과 자유에
대한 열정을 지니고 있었고, 양심과 신념의
자유에서 인류역사에 위대한 기여를
이루어냈다. 그러나 반지성적이며 전인적
심성계발을 도외시한 이 영국적 스타일의
종교는 그가 속물성이라 부른 기질과
정신구조를 만들어 내고 말았다.

4
속물성(Philistinism)의 종교적 요인

아놀드는 17세기 퓨리턴 혁명 이후로 영국의 사회
적 전통의 형성에서 종교가 차지하는 역할을 대단히
중요하게 보았다. 퓨리터니즘은 강인한 도덕성과 자유
에 대한 열정을 지니고 있었고, **양심과 신념의 자유에**
서 인류역사에 위대한 기여를 이루어냈다. 그러나 반지
성적이며 전인적 심성계발을 도외시한 이 영국적 스타

일의 종교는 그가 속물성이라 부른 기질과 정신구조를 만들어 내고 말았다는 것이다. 아놀드는 이 시대에 급속히 진행되고 있는 사회변동에 대응하기 위해서는 영국인들의 인습적 기질이 변혁되어야 하며, 이를 위해서는 이 시대의 종교성이 재해석되어야 한다고 주장하였다. 그는 이것이 사회적인 영역에서만 아니라 다양한 종교사조들로 인해 혼돈을 겪고 있는 당시 영국인들의 종교적 요구와도 상통한다고 생각하였다.

1) 헤브라이즘과 헬레니즘의 불균형 : 특별은총과 일반은총의 분리

아놀드에게서 속물성의 주된 특징은 반지성주의에 뿌리를 둔 기계적 사고와 타산적 실리주의, 취향의 조야함 등인데 그는 이것의 근본적인 치유책을 찾기 위하여 유럽 문명의 양대 원류인 헤브라이즘과 헬레니즘에 대한 논의를 제기하였다. 전자는 히브리 전통이 대표하는 종교성의 원천을, 후자는 그리스 전통이 대표하는 이성적 문명의 성취를 상징하는 것이었다. 그는 비국교

비국교도들의 기본적인 기질이 헤브라이즘의 경향에 치우쳐 있다고 지적한다

도들의 기본적인 기질이 헤브라이즘의 경향에 치우쳐 있다고 지적한다. 즉 생활의 종교적 측면을 위하여 다른 모든 영역들이 불합리하게 희생되고 있음을 비판하였는데, 이는 사색보다 행위, 비판적 성찰보다 복종의 관념이 삶을 지배하고 있기 때문이라고 보았다. 그는 "헤브라이즘과 헬레니즘"의 첫머리에서 다음과 같이 쓰고 있다.

이 근본적 근거라는 것은 우리가 사색보다 행동을 좋아한다는 점이다. 그런데 이 점은 우리의 본성의 주요소이므로 우리가 이것을 연구하면 숱한 큰

문제들을 모든 면에서 개발할 수 있게 된다.[24]

그는 헤브라이즘과 헬레니즘이 각기 인간성에서 도덕적 차원과 지적인 차원을 대변하는 것으로 설명하고자 했다. 이 양자가 추구하는 것은 인간의 '구원' 또는 '완성'으로서 궁극적으로는 동일한 목표이나 각기 그 목표를 대단히 상이한 방법으로 추구한다고 보았다. 헬레니즘에 있어서 가장 고등한 관념은 **'사물을 있는 그대로 보는 것**(to see the things clearly as it is)'인데 비하여 헤브라이즘에서는 올바른 행위와 자기부정, 신의 뜻에의 순종이다. 예컨대 그리스인들이 육체 및 육체의 욕망과 다투는 것은 그것들이 올바른 생각을 방해하기 때문이지만, 헤브라이인들이 육체 및 육체의 욕망과 다투는 것은 그것들이 올바른 행위를 방해하기 때문인 것이다.

헤브라이즘과 헬레니즘의 대비구도는 종교와 문화에 관한 그의 견해의 기초였다. 그는 이것이 사회문화적 변혁기를 맞는 영국의 종교문제를 분석하는데

---

24 「교양과 무질서」, p.162.

신앙의 차원에서 먼저 적용된 양심의 자유는
신념과 의견의 자유로 발전하였고, 이는
민주주의의 확대와 노동계급의 형성과 같은
시대변혁기에 필요한 도덕적 자산의 원천이
되어 줄 것을 기대할 수 있었다. 그러나,
지성적인 면에서는 사회변화에 따른 새로운
사고방식을 이해하고 적절히 반응하는데는
실패하고 있었다.

중심개념이 될 것이라고 생각하였다. 왜냐하면 종교
란 영성과 지성, 경건과 합리성, 영과 육, 내세와 현세,
신학과 인문학 등 '대립적 요소들의 복합(complexio
oppositorum)'을 본질로 하기 때문이었다.

(헤브라이즘 과잉의 비국교도)

아놀드에 의하면 영국사회의 종교적 성격은 17세기
의 퓨리턴 혁명을 결정적 계기로 하여 형성된 것이었
다. 그 이후 19세기 중엽에 이르기까지 200여 년 동안
유럽의 정신사적 발전의 주된 경향은 자기 자신과 세계

를 인식하고, 사물을 실제 그대로 보며, 의식의 자발성
을 고양하는 것이었다. 그러나 영국에서는 이러한 경향
이 퓨리터니즘이 우위를 차지하게 됨으로 인하여 저지
당하였다. 그 결과, 영국사회의 가장 중요한 구성집단
의 정신적 성향은 엄격한 양심 쪽으로 치우치게 되었다
는 것이다. 신앙의 차원에서 먼저 적용된 양심의 자유
는 신념과 의견의 자유로 발전하였고, 이는 민주주의의
확대와 노동계급의 형성과 같은 시대변혁기에 필요한
도덕적 자산의 원천이 되어 줄 것을 기대할 수 있었다.
그러나, 지성적인 면에서는 사회변화에 따른 새로운 사
고방식을 이해하고 적절히 반응하는 데는 실패하고 있
었다.

　아놀드는 이것이 시대의 요구에서 일차적인 것과
이차적인 것을 뒤바꿨기 때문이라고 진단하였다. 그 결
과 영국사회에는 **지적 권위가 부재하고 공통의 판단
기준이 형성되지 못하게 된다**. 그로 인한 혼란은 학문
적, 사상적인 차원을 넘어 정치와 사회운동에서 첨예한
대립과 충돌을 낳고 있었다. 이러한 상황에서 아놀드는
불균형한 종교성에 빠진 영국사회가 문화이념으로서
헬레니즘의 이상(理想)을 회복할 것을 제안하였다. 그

그는 교양의 본질이 인격적, 문화적 함양(paedeia, cultivation)이며 그것의 기능은 '의식의 자유로운 운동'으로 규정하였다. 그는 인간과 세계의 '다양성과 총체성'을 보지 못하게 하는 편벽되고 경직된 고정관념들 위에 교양의 기능이 가해져야 한다고 생각하였다.

는 이것이 시대가 필요로 하는 지적 구원을 줄 수 있을 것이라고 제안하였다. 그가 말하는 지적 구원이란 지식이 아니라 인간성이 갈망하는 세계의 합리적 질서에 대한 해명이었다.

앞서 본 바와 같이 아놀드는 퓨리터니즘의 과도한 헤브라이적 성향으로 인한 문화적 기질의 병리를 속물성이라고 칭하였는데, 이것은 어떤 특정한 나쁜 요소를 제거함으로써 해결할 것은 아니라고 보았다. 그는 이것의 치유책을 교양(culture)으로 표현하였다. 이 때의 교양 개념은 종종 오해되듯이 귀족지향의 비실용적 지식이나 외적인 예법(etiquett)이 아니었다. 그는 교양의 본질이 인격적, 문화적 함양(paedeia, cultivation)이며 그것의 기능은 **'의식의 자유로운 운동'**으로 규정하였다. 그는 인간과 세계의 '다양성과 총체성'을 보지 못하게 하는 편벽되고 경직된 고정관념들 위에 교양의 기능이 가해져야 한다고 생각하였다. 그러므로 그의 목적은 헤브라이즘을 억압하거나 헬레니즘 정신을 강화시키는 것이 아니라 양자의 정신이 균형을 이루는 데 있었다. 그 이유는 이 두 가지 모두 인간정신의 **'유일한 발달법칙'**은 될 수 없기 때문이었다. 그는 인간의 정신은 자신을 지탱하여 주는 어떠한 힘보다도 광대한 것이라고 믿었다. 그러므로 그는 특히 헤브라이즘의 종교적 윤리가 지니고 있는 '경건의 힘(devout energy)'을 옹호하였다. 그것 때문에 순수히 이성적인 철학적 윤리와 달리, 인간에게 감정을 불러일으킬 수 있는 종교적 윤리가 우월한 영향력을 갖는다고 보았다. 에픽테투스나 마르쿠스 아우렐리우스에게서 볼 수 있는 이성적인 도덕심은 오직 소수의 사람들에게만 호소력을 갖지만, 종교는 성자와 현인들의 도덕성이 범인들에게 전달되기에 필요한 영감과 감정을 공급하여 줄 수 있다. 이 힘은 지식을 행위로 전환시키며 인간의 이상을 살아나게 한다. 그러므로 전통적 종교 속의 윤리와 정서적 요소는 근대의 합리주의 정신과 충돌하는 난점에도 불구하고 포기해서는 안 될 것이었다. 아놀드가 자신의 종교관의 기초로서 종교를 '정서에 의하여 촉발된 도덕성(morality touched by emotion)'이라고 정의한 것은 이와 같은 그의 입장을 반영한 것이었다.

2) 국민생활의 주류(主流)에서 분리된 종교

아놀드가 비판한 비국교도들의 정신적 성향을 형성한 두 번째 요인은 **주변성(provinciality)**이라 부르는 것으로서, 국민생활의 주류(main stream of national life)에서 분리 또는 배제된 상태를 뜻하는 것이었다. 이것은 지리적인 의미에서가 아니라 국민생활의 주류(main stream of national life)와 접촉을 갖지 못하고 있는 종교생활을 뜻한다. 헤브라이즘과 헬레니즘의 불균형이 영국 비국교도들의 내적 기질에 관여하는 요인이라면, 주변성은 그들의 **사회적 관계와 교회적 성격**에서 대단히 중요한 특징이다. 종교와 같이 진지하고 중대한 문제가 국민생활의 주류와 분리되어 국가와 사회, 문명에 대한 전체적 전망을 결여한다는 사실은 각별히 주목해야 할 일이다. 종교와 문화에서 전체성의 결여는 결과적으로 신앙 자체에서도 편협하고 왜곡된 발달을 초래하게 되는데, 그것은 신앙의 의미와 종교적 활동이 **개인의 일상적 삶과 사적 영역**을 넘지 못하게 되기 때문이다.

당시의 비국교도들이 이처럼 전인적이고 사회적인 차원을 배제한 신앙을 갖게 된 이유는 퓨리터니즘의 교리 때문이 아니라, 비국교도 교회가 왕정복고 이후 국가와의 관계에서 역사적 상황이나 당시까지 계속되고 있던 관행과 제약에 기인한 것이었다. 고등교육의 면에서 잉글랜드에는 1820년대까지 600여 년간 옥스퍼드와 케임브리지의 두 대학만이 존재하였는데 1854년까지 모든 학생들에게는 국교회 신조인 39개조의 서약이 요구되었으며, 1871년까지 국교도가 아닌 사람은

교수나 교원으로 임용되지 못하였다.[25]

결과적으로 비국교도는 국교회(Anglican church)와 비교할 때 더 많은 영역에서 취약점을 갖게 되는데, 이들은 문학, 미술, 과학에서뿐만이 아니라 종교 자체에 있어서도 인간정신의 전인적 완성에 기여하는 인물을 배출하지 못하고 있었다. 물론, 존 밀튼, 리쳐드 백스터, 존 웨슬리 등 영국의 비국교도 중에도 높은 성취를 이룩한 사람들이 있으나 이들은 실상은 국교회에서 훈련받은 인물들이었던 것이다. 당시 비국교의 옹호자들은 국가의 지원을 받지 않고 독립적인 체제를 가진 종교공동체가 정치에 더 큰 도덕적 영향을 행사하고 있다고 주장하였다. 하지만 진지한 행위의 원천을 인간성의 내면적 성숙에서 찾는 아놀드의 입장에서는 비국교계의 교육가들보다 셰익스피어나 토마스 후커, 조셉 버틀러 등이 **정치가의 내면적 성숙과 도덕적 품위**를 위하여 더 많은 공헌을 한 것으로 평가한다. 국교회 밖에서도 로마 가톨릭과 유대교는 고급한 정신적 의미를 갖

---

25   비국교도에게는 1871년까지 옥스퍼드와 케임브리지대학에서 M.A.이상의 과정에는 입학이 허용되지 않았다.

**전체성을 결여한 교회가 빠지기 쉬운 경향은
종교활동의 본질이 종교의 비본질적인 것을
위하여 싸우는 데 있다는 공상을 하게 된다는
것이다. 그리고 그 때문에 이들은 교양을 위한
여유를 거의 갖지 못한다.**

는 인물을 육성하고 있는데, 그것은 그들이 실제로 국
민적 유대는 아니더라도 국제적 유대의 기반을 갖고 있
기 때문이다.

3) 전체성을 결여한 종교의 함정[26]

전체성을 결여한 교회가 빠지기 쉬운 경향은 종교
활동의 본질이 종교의 **비본질적인 것을 위하여 싸우는
데 있다는 공상**을 하게 된다는 것이다. 그리고 그 때문

---

26   전체성은 신학용어로는 통전성(通全性, intergrity)이라 할 수 있다.

그들은 이러한 자신감과 자기만족의 위험한
상태에서 자신의 숱한 일상적 본능들을
자유롭게 휘두른다. 그들은 이 본능들 중 몇
가지는 자기가 갖고 있는 삶의 원칙으로써
정복할 수 있었다. 그러나 자신이 통제하지
못했던 다른 본능들에 대해서는 정복할
필요가 있다고 생각하기는커녕 제한된 부분을
정복하였기 때문에 다른 부분을 자유롭게
휘두르는 것이 마치 권리나 의무인 것처럼
생각하기까지 한다.

에 이들은 교양을 위한 여유를 거의 갖지 못한다. 그뿐
만 아니라 이들이 갖는 커다란 위험은 자신이 "우눔 네
케사리움(unum necessarium)" 즉 '필요한 단 한 가지
의 것'을 가르쳐 주는 규칙을 갖고 있다고 믿는 것이
다.[27] 그들은 이 규칙이 실제로 무엇을 의미하며, 이 규

---

27 「교양과 무질서」, p. 183. 누가복음 10:42 '한 가지 필요한 것(one thing needful)'을 가리키는 표현.

**"그는 성서를 잘 알고 있지요."라고 진부한
말을 사용한다. 그러나 다른 것을 전혀 모르는
사람이 성서를 온전히 알 수는 없는 것이다.**

칙이 현실에서 그에게 요구하는 것이 무엇인가에 대하
여는 매우 불완전한 추상적 관념밖에는 갖고 있지 못
했다. 그럼에도 불구하고 이제는 지식을 가지고 있으니
행동만이 필요하다는 생각을 갖는다. 그들은 이러한 자
신감과 자기만족의 위험한 상태에서 자신의 숱한 일상
적 본능들을 자유롭게 휘두른다. 그들은 이 본능들 중
몇 가지는 자기가 갖고 있는 삶의 원칙으로써 정복할
수 있었다. 그러나 자신이 통제하지 못했던 다른 본능
들에 대해서는 정복할 필요가 있다고 생각하기는커녕
제한된 부분을 정복하였기 때문에 다른 부분을 자유롭
게 휘두르는 것이 마치 권리나 의무인 것처럼 생각하기
까지 한다.

　그리고 이들의 "우눔 네케사리움(unum necessarium)" 관념과 흔히 동반되는 것은 '성서에 대한 기계적인 이해의 오류'이다. 그들은 교양이라고 부르는 것을 비난하려는 의도를 가지고 '필요한 단 한 가지 것'을 고수하는 태도를 칭찬하곤 한다. 그럴 때 "그는 성서를 잘 알고 있지요."라고 진부한 말을 사용한다. 그러나 **다른 것을 전혀 모르는 사람이 성서를 온전히 알 수는 없는 것이다.**[28]

종교적 측면을 다른 모든 것보다 우선시키는 사람들에게서 볼 수 있는 교양의 결여와 의식의 경직성은 성서를 기계적으로 이해하게 한다. 그 결과는 개인생활에서부터 정치문제, 그리고 심지어는 의회의 입법에 이르기까지 실로 다양하다. 어떤 사회사업가는 모세의 율법과 사도 바울의 서간에서만 자신의 지침을 찾으려 하며 그 외의 것은 필요하지 않다고 생각한다. 하원의 한 의원은 죽은 아내의 동생과의 결혼을 허용하는 법안을 제출하면서 주장하기를, "하나님의 법 레위기는 어떤 사람이 그의 죽은 아내의 동생과 결혼하는 것을 금하지 않았다. 하나님의 법이 금하고 있지 않으므

---

28   같은책, pp.171ff.

로 인간의 법 즉 개인적 자유의 주장에 대한 어떠한 제지도 폐기되어야 한다."라고 했다. 한편에서는, 파산한 사업가가 자신의 상업적 실패가 영적 몰락을 뜻한다고 생각한 결과 스스로 목숨을 끊는 사건이 발생하고 있었다. 그리고 고질적인 아일랜드 문제들 중 국교제도의 폐지와 교회 재산의 재분배 및 가톨릭 대학의 설립 등에 관하여 비국교도들은 교황체제와 국교주의에 대한 반감 때문에 이러한 문제들에 대한 합리적인 처리방안을 거부하고 있었다.

5
중간계급 속물성(philistinism)의
사회적 결과

중간계급 비국교도들의 속물성에 대한 아놀드의 비판은 그것이 개인적 취향과 품격의 문제였기 때문은 아니었다. 만일 그러했다면 아놀드는 문화의 사회적 차원을 간과한 개인주의적 인문주의자라는 비난에 변호의 여지가 없을 것이다. 그러나 그가 시와 문학을 포기하면서까지 자신의 공적 활동의 목표를 속물성 비판에 할애한 것은 중간계급 비국교도들의 이 기질적 요인이 영국사회 전체의 사고방식과 지성구조를 결정하는 요인이라고 믿었기 때문이었다. 아놀드는 속물성이야말로 중간계급 구성원들이 자기 시대의 사회적 변화를 이해하지도 소통하지도 못하게 하는 지성구조의 장애요인임을 간파한다. 그렇기 때문에 아놀드는 독일 시인 하이네처럼 속물근성을 자신의 주적으로 설정했던 것이다. 민주주의의 확장 시대에 이러한 지성 및 인지구조상의 결함이 야기하는 첫 번째 심각한 병폐는 **자유**

에 대한 좁고 경직된 관념이었다.

1) 영국사회의 지적 분열

　아놀드의 중간계급 비판은 그 자신이 문학에서 사
회비평으로 전환하는 1867년 전후의 영국의 사회상황
과 깊은 관련을 갖고 있다. 1860년대의 영국사회는 국내정치의 불확실한 정세뿐 아니라 아일랜드 및 해외 식민지에서의 계속적인 불상사로 인하여 정치적으로나 심리적으로 지극히 불안정한 상태를 겪고 있었다. 아일랜드에서 고질적인 토지문제와 국교회 폐지 문제들이 미해결되고 있는 동안 1867년 피니언(Fenian)당의 폭동이 발생하였다.[29] '검은 금요일'이라고 불린 어음할인 회사와 은행들의 파산사건은 전 영국의 경제를 혼란에 빠뜨렸고 동시에 연속되는 흉작은 실업과 빈곤을 증대시키며 정치적 불안을 가중시키고 있었다. 이런 문제들에 대하여 자유방임경제를 주장하던 자들로부터는 효과적인 정책이 기대될 수 없는 형편이었다.

무엇보다는 이 시대의 지적인 분열상을 극적으로 나타내준 것은 1865년의 '에이어(E.J. Eyre) 사건'이었다. 이것은 당시 물의를 일으킨 영국 식민지 자마이카의 폭동진압에서의 잔학사건이었다. J.S. 밀이 이끄는 위원회는 총독 E.J. 에이어를 살인죄로 기소하였고 왕립위원회가 이 사건의 조사를 맡게 되었다. 그러나 아이

---

29 피니언파(the Fenians)는 아일랜드 공화주의 형제단에 속한 결사체로서 1867년에 미국 남북전쟁에 참전한 아일랜드 군인들을 규합하여 영국에 대한 독립전쟁을 시도하였다.

차티스트 운동 기념조형물

티에서의 백인학살 사건의 충격 때문에 타임(Times)지
와 펀치(Punch)지는 에이어를 변호하는 '대범한 권위'
의 원리를 주장하였고, 귀족주의자로 지목되던 카알라
일은 에이어 변호 위원회를 조직하였는데 여기에는 귀
족들뿐만 아니라, 러스킨, 테니슨, 그리고 디킨스까지
동조하고 있었다.

　이러한 사태들에서 보듯이 영국 사회는 공통의 기
준을 갖지 못하며, 계급과 분파들끼리 서로 싸우는 난

국을 벗어나지 못하고 있었다. 아놀드는 영국민들이 세계가 변화하고 있는 방향을 있는 그대로 바라볼 수 있는 안목을 가져야 하며, **'새로운 기질 위에서 새로운 원리에 의한 통치방법'**을 모색해야 한다고 생각하였다.[30] 그는 1866년의 한 강의에서 속물성의 결과를 이와 같이 말하였다.

이 나라에서 만사가 제멋대로 되게끔 만들어 온 편협한 속물성의 결과가 나타나고 있는 현재의 시점에서 우리는 부끄러움과 불안 그리고 경고를 느끼고 있다. 지금 우리는 이 속인성으로 인하여 교양과 통찰력, 긍지, 포용력, 국가 간에서의 체통을 희생시켰으며, 우리의 운명, 우리의 현재에 깊은 관련을 갖고 있을 뿐 아니라 미래를 결정할 중요한 사건들을 앞에 놓고도 머뭇거리고만 있다.[31]

또한 1867년에 간행된 「켈트문학의 연구」의 서문에

---

30   Park Honan, *Matthew Arnold : A Life* (New York:McGraw Hill, 1981), p.339.

31   L. Trilling, *Matthew Arnold* (New York : Meridan Books,1995), p.222.

속물성이 영국사회의 공적 담론의 장에서 일으키는 역기능은 경직되고 조야한 자기확신으로 인하여 다른 의견이나 사상에 대한 인식을 가로막는다는 점이었다.

서는 중간계급의 특징을 다른 계급과 비교하여 다음과 같이 말하고 있다.

우리는 지금 영국민의 계속적인 진보와 위대성이 다른 무엇보다도 이 한 가지 요인에 의하여 위협을 받게 된 시점에 이르렀다. 이미 자신들의 시대가 끝나가고 있는 귀족계급의 무기력함보다도 이제 겨우 자신들의 시대가 시작되고 있을 뿐인 하층계급의 생경함보다도 우리는 소위 중간계급의 속물성으로부터 위협당하고 있는 것이다. **미와 감수성에 있어서는 천박하며 도덕과 정서에 있어서는 조야(粗野)하고 정신과 심령은 우둔한 것, 이것이 속물성이다.** 그러므로 지금은 켈트민족의 위대한 민감

성과 영성이 요청되는 순간이다.[32]

비국교도 종교에서 말미암는 속물성이 영국사회의 공적 담론의 장에서 일으키는 역기능은 **경직되고 조야한 자기확신으로 인하여 다른 의견이나 사상에 대한 인식을 가로막는다는** 점이었다. 그리고 무엇보다 이것은 민주주의 사회로의 전환기에 정치사상의 중심 개념인 자유에 대한 미숙한 관념을 고착시키고 있었다.

2) 사회적 이상(理想)을 결여한 자유 개념

비국교도들의 종교적 특질은 영국의 정치와 교육에 큰 영향을 미치고 있었다. 아놀드는 특히 정치적 변혁기에 처한 영국인들의 자유 개념이 비국교도 전통에서 비롯되었다는 사실을 주목하였다. 역사적으로 영국의 자유 전통은 17세기 퓨리턴 혁명에서 국교회로부터 독

---

32   M. Arnold, *On the Study of Celtic Literature and Other Essays*(London : Everyman's library, 1919), p.5.

립을 얻어내려는 비국교도들의 치열한 투쟁에서 말미암은 것이었다. 신학적으로는 비국교계 여러 종파의 지도이념인 칼뱅주의가 국가권력의 교회지배를 용인하지 않는 강력한 교리를 갖고 있다는 점을 지적할 수 있다.

비국교도는 글래드스톤이 말한 바와 같이 영국 자유주의의 중추로서 신앙과 양심의 자유를 수립시키는 데에 기여한 바는 헤아릴 수 없이 큰 것이었다.[33] 그러나, 이들은 자신들의 **사회적 행위를 성숙**시키는 데에는 실패하였으며 특히 **적극적인 지적 활동에서의 성과**는 보잘것없는 것이었다. 이것은 앞으로의 민주주의의 확대를 위한 정신적 기반으로서는 크게 우려되는 취약점이었다.

당시 중간계급의 일반적 자유 개념에 대한 아놀드의 비판 논리는 다음과 같이 살펴 볼 수 있다. 첫째로, 속물계급의 지성구조는 자유에 대한 기계적이고 맹목적인 이해를 낳게 되었다. 이것은 자유에 관하여 개인에 대한 강제와 억압을 벗어나는 것 이상의 성찰로 나

---

33   William Ewart Gladstone(1809-1898)자유당 지도자로서 4차례 수상을 지냈다. D. Bush, *Matthew Arnold* (New York : Collier Books, 1971), p.136.

> **아놀드는 한 민족이 위대해지기 위해서는 개인적 자유의 추구 이상의 것이 필요하다고 역설하였다. 그 개인들의 자유와 행동이 좀 더 높은 이상을 위한 봉사에 바쳐져야 한다는 것이었다.**

아가지 못하게 한다. 개인적 자유의 증진이 어떠한 사회를 만들어 낼 것이며, 공동체의 이익을 위해서 개인들의 자유가 조화되어야 할 상황 등은 고려하지 않고 있다는 것이다. 그들의 자유 개념에는 사회적 차원의 자유라고 할 평등의 관념이 배제되어 있었다. 여기에는 노동계급에 대한 적대감과 아담 스미스 이래 고전경제학의 자유방임사상이 맞물려 있었는데, 이는 19세기 후반 산업주의 시대의 주역인 중간계급 부르주아들로 하여금 사회 전체에 대한 책임의식을 결여하게 하였다.

그는 개인적 자유가 영국인들의 생활과 정치에서 가장 중심적인 개념이 되어 있음을 인정한다. 이것은 당시 존 브라이트 등 중간계급 출신 자유방임주의자들

**중간계급 부르주아들의 단순한 도식적 자유
개념을 개탄하고 우려한 또 하나의 이유는,
그들이 당시의 영국의 지성사회에서 활발히
토론되고 있는 자유사상의 담론들에 지극히
무관심하였다는 사실이다.**

이 강조하였듯이 영국인들 스스로가 찬양하는 헌정의
전통이었다.[34] 그러나 아놀드는 한 민족이 위대해지기
위해서는 **개인적 자유의 추구 이상의 것**이 필요하다고
역설하였다. 그 개인들의 자유와 행동이 좀 더 높은 이
상을 위한 봉사에 바쳐져야 한다는 것이었다. 그는 이
것이 결여된 민주주의 사회의 예로서 미국의 경우를 지
목하며 영국사회가 민주주의를 수용하기 위해서는 지
금까지 귀족제에 의하여 유지되어 온 기준들 - 섬세한
교양, 고도의 예법, 장중한 스타일등을 대체할 새로운
문화의 규범을 발견하여야 한다고 주장하였다.[35] 또한

---

34   같은책, p.25.

35   B. Willey, *The Nineteenth Century Studies*(New York : Penguin
Books, 1964), p.271.

존 스튜어트 밀(1806-1873)과 「자유론」

그는 영국인들이 자유를 단지 '자기 마음대로 하는 것 (doing as one likes)'으로 이해할 뿐만 아니라, 자유주의가 마치 모든 사회문제와 인간성의 교화에 있어서 만병통치약인 것처럼 인식하고 있다는 사실이 큰 위험이라고 하였다.

아놀드가 중간계급 부르주아들의 단순한 도식적 자유 개념을 개탄하고 우려한 또 하나의 이유는, 그들이 당시의 영국의 지성사회에서 활발히 토론되고 있는 자유사상의 담론들에 지극히 무관심하였다는 사실이다. 19세기 최대의 자유주의 철학자 존 스튜어트 밀은 1857년 「자유론」을 발표하였다. 공리주의자로서 그는 자유를 사회적 행복의 수단으로 보지만 필연적으로 가장 중요한 것은 아니며, 때로는 안정을 위해서 자유를 양보해야 한다고 주장했다. 그는 자유에 있어서 개인과 사회의 영역을 고민하였다. 술 취하는 것은 개인의 자유이지만 술에 취해서 남에게 해를 끼치는 것은 범죄행위로 인정해야 한다는 것이다. 교육을 받지 않는 것도 그 자신과 사회에 대항하는 도덕적 범죄이기 때문에 강제교육을 시켜야 할 것을 주장했다. 또한 경제 분야에서 밀은 1848년에 당대의 베스트셀러가 된 「정치경제학 원리」를 출간했다. 당시의 대세는 수요와 공급이 자연법칙이므로 경제활동에 어떠한 제약도 가해서는 안된다는 자유방임주의였다. 밀 역시 처음에는 이를 받아들였지만 개인의 자유가 부유한 고용주와 가난에 찌든 노동자 사이의 간극을 메워주지 못한다는 사실을 깨닫게 된다. 그 결과 부의 **생산은 '자연적 경제법칙'**에 의하여 결정되지만, 부의 **분배는 사회적 문제 즉 인간의**

의지에 달린 것이라고 주장하여 고전경제학의 자유방임론을 변형시켰다. 그는 이것이 정치경제학에 대한 자신의 가장 큰 공헌이라고 자부했으며, 현실정책에서 누진세를 통한 부의 분배, 국가에 의한 보편적 교육, 노동조합활동 등 주요 개혁을 주장하였다.[36] 이러한 실제적이면서도 사려깊은 담론과 논쟁들은 당시 영국의 지식인 사회에서는 상식이 되고 있었으나 오직 '성경과 신문' 외에는 읽지 않는 비국교도 중간계급 사업가와 정치가들에게는 큰 관심이 대상이 되지 못했다.[37]

3) 평등, 사회적 자유에 대한 몰이해

민주주의 운동에 우호적인 인사들은 민주주의에 의

---

36   박지향, 「클래식 영국사」(김영사, 2012), 176-177.

37   토크빌은 1835년에 존 스튜아트 밀을 만났을 때 프랑스 지식인들의 극단주의, 반교회주의, 그리고 폭력선호는 그들이 사회적으로 주변부적 위치에 있고 가난하며 무식하기 때문에 야기되는 당연한 결과라고 갈파했다. 그에 반해 영국의 급진주의자들은 재정적으로 편한 위치에 있고 역사책과 정치경제학을 읽으며 신사로 인정받기 때문에 재산권과 종교적 신념을 종중하고 방법에서도 점잖다는 것이었다.Peter Mandler Susan Pederson ed., *After Victorians* (Routledge,1994) p.2

그는 민주주의가 다가오는 시대를
지배하게 될 것을 확신하였고 토크빌
(A. Tocqueville)과 마찬가지로 민주주의
운동의 참된 본질은 정치적 자유가 아니라
사회적 자유 즉 평등의 신장에 있다고 보았다.
그러나 개인적 자유와 자유방임에 대한 관습적
신념은 영국인들로 하여금 평등의 관념에
도달하지 못하게 하는 요인이 되고 있었다.

해서 모든 자유가 창시된 것처럼 이야기 하지만 사실상 정치적 자유는 귀족들에 의하여 수립된 것이다. 영국의 정치적 자유는 민주주의 보다는 탐욕스런 영국의 영주들의 힘에 의한 것이었다. 이것보다는 오히려 **사회적 자유, 즉 평등**이야말로 민주주의가 쟁취하여야 할 영역인 것이다

이 시대의 지상과제로 생각했던 민주주의의 수용

과 가장 직접적으로 관련된 자유 개념의 문제점은 영국인들의 평등에 대한 관념이었다. 그는 민주주의가 다가오는 시대를 지배하게 될 것을 확신하였고 토크빌(A. Tocqueville)과 마찬가지로 민주주의 운동의 참된 본질은 정치적 자유가 아니라 사회적 자유 즉 평등의 신장에 있다고 보았다. 그러나 개인적 자유와 자유방임에 대한 관습적 신념은 영국인들로 하여금 평등의 관념에 도달하지 못하게 하는 요인이 되고 있었다. 그는 민주주의에 대한 자신의 태도를 이와 같이 말하고 있다.

민주주의 운동은 다른 자연의 움직임과 같은 것이어서 비난이나 찬양을 하는 것은 합당치 못한 일이다.(자연의 법칙이란 좋을 수도 나쁠 수도 있는 것이다.) 당파적 신봉자들은 민주주의에 대하여 걸맞지 않는 신뢰를 부여하는 경향이 있는가하면, 그들의 적들은 부당한 비난을 하곤 한다. 민주주의 운동에 우호적인 인사들은 민주주의에 의해서 모든 자유가 창시된 것처럼 이야기 하지만 사실상 정치적 자유는 귀족들에 의하여 수립된 것이다. 영국의 정치적 자유는 민주주의 보다는 탐욕스런 영국의 영주들의 힘에 의한 것이었다. 이것보다는 오히려 사회적 자유 – 평등 – 이야말로 민주주의가 쟁취하여야 할 영역인 것이다.[38]

아놀드는 민주주의가 인간이 자신의 본질을 긍정하려는 노력이라고 하였다. 이는 귀족들이 이제까지 성공적으로 추구해 온 것과 같이 세계를 즐기며, 소유하려는 과정이며 자신의 존재를 충분히 자유롭게 발전시키려는 움직임이라는 것이다. 그러므로 일부 인사들이 갖고 있는 민주주의 정신의 확산에 대한 불만은 인간성 자체에 대한 불만과 같다고 하였다.[39]

민주주의의 본질을 평등에서 찾고 있는 아놀드는 영국인들이 갖고 있는 평등에 대한 관념이 동시대의 영국사회의 발전단계에서 진보의 장애가 되고 있다고 생각하였다. 먼저 그는 영국인들은 누구나 평등이라 할 때 **법 앞에서의 평등**만을 생각할 뿐 프랑스인들과 같이 **사회적 평등**이라는 관념을 갖고 있지 못한 점을 지

---

38   M. Arnold, "Democracy"(1861) in *Democratic Education*, ed. R. H. Super(Ann Arbor : Michigan University Press, 1978), p.7.

39   같은 책, pp.7-8.

불평등이 한편으로는 탐욕을 채워줌으로써 해악을 끼치며 다른 한편으로는 사람을 비속하게 하고 위축시킴으로써 해가 된다

적하였다. 이 점에 관해서는 당대의 정치인들도 같은 견해를 나타내고 있었다. 글래드스톤은 영국의 정치 체계를 형성케 한 정치적 사상 중 평등의 애호만큼 작은 역할을 차지하고 있는 관념은 없으며 영국에서 자유에 대한 사랑은 귀족제에 대한 사랑보다 절대로 더 강하지 못하다고 하였다. 윌리엄 폴스워쓰는 단적으로 "우리 국민들에게 있어 귀족제는 일종의 종교이다."라고 말하고 있었다.[40] 아놀드는 불평등이 한편으로는 탐욕을 채워줌으로써 해악을 끼치며 다른 한편으로는 사람을 비속하게 하고 위축시킴으로써 해가 된다고 하였

---

40   M. Arnold, "Equality"(1978) in *Essays Religious and Mixed*, ed. R. H. Super(Ann Arbor : Michigan Univ. Pr., 1972), p.279.

다.[41] 그러므로 아놀드는 불평등의 원리에 입각한 영국 사회체제의 한계를 다음과 같이 말하고 있다.

현재의 우리의 사회조직은 그 성장의 도상에서 정해진 단계를 밟아 온 것이었다. 이 체제는 지금까지 유용한 것이었고 우리 국민들의 위대한 성취를 가능케 하였다. 그러나 그것의 유용성은 막바지에 도달하였다. 그 단계는 지나간 것이다. 이제 우리는 때때로 이러한 느낌을 갖게 되지 않는가? 즉, 우리 가운데 있는 많은 탁월한 인물들의 견인불발의 노력에도 불구하고 우리는 마치 몸부림치며 허공을 때리고 있는 듯한 느낌을 갖는다. 우리는 진보의 도상에서 정지하고 있는 것처럼 보인다. 그 자리에서 더 나아가지 못하도록 위협당하고 서 있는 것 같다. 우리는 지금 이미 시대가 지난 사회조직을 가지고 살아가려 하고 있다. 확실히 평등은 그 자체만으로는 완전한 문명을 제공해 주지는 못할 것이다. 그러나 현재의 우리들의 불평등은 완벽한 문명

41   같은 책, p.299.

을 이룬다는 것을 불가능 하게 한다.[42]

영국 사회의 불평등은 물론 오랜 사회전통의 결과
인 것이 사실이었다. 그러나 이 시대의 산업주의의 위
기 속에서 불평등의 문제는 부르주아 계급의 자유방임
에 대한 맹신과 속물기질이 결합된 사회분위기 속에서
심히 우려할만한 결과를 낳고 있었다.

아놀드는 영국이 자유를 운위하되 평등을 경멸
하는 계급에 의해 지배되고 있다고 논하였는데 여기
서 가장 그의 분노의 대상이 되었고 또 이들의 사고방
식을 적나라하게 드러내 주는 것은 소위 빈곤의 '사회
적 필연론'이었다. 이것은 부의 생산과 자유무역에 의
한 상업의 증가를 일종의 '필요한 단 한가지(unum
necessarium)의 목적'으로 고정시키고 그 목적을 충실
히 기계적으로 추구하는 한편, 무역과 상업의 경기변동
에 의하여 야기되는 무산대중의 곤경을 불가피한 자연

---

42   M. Arnold, *Mixed Essays, Irish Essays, and Others*(New York :
Macmillan, 1924), p.235.

적 현상으로 간주하는 것이었다. 비국교도 특유의 편협한 확신은 이 문제와 관련한 신학과 성서해석에서 드러나곤 하였다. 비국교도 강단에서는 "땅에는 언제든지 가난한 자가 그치지 않으리라" 등의 성서구절이 종종 기계적으로 인용되곤 하였는데, 이는 자기의(自己義)와 결합된 단순하고 경직된 지성구조로 인한 신학적 오류였다.

구약성서 신명기에는 표면적으로 상반되는 두 가지 명제가 서술되고 있다. 첫째, 인간의 현실에서 빈곤의 문제는 필연적으로 발생한다는 것이다.

> 땅에는 언제든지 가난한 자가 그치지 않겠으므로 내가 네게 명령하여 이르노니 너는 반드시 네 땅 안에서 네 형제 중 곤란한 자와 궁핍한 자에게 네 손을 펼지니라.(신15:11)

둘째, 신앙공동체가 하나님의 법에 따라 살아갈 때 가난의 문제는 해소되리라는 것이다.

> 네가 만일 네 하나님 여호와의 말씀만 듣고 내

가 오늘 네게 내리는 그 명령을 다 지켜 행하면 하나님 여호와께서 네게 기업으로 주신 땅에서 네가 반드시 복을 받으리니 너희 중에 가난한 자가 없으리라.(신15:4-5)[43]

아놀드는 비국교도들이 이처럼 대립명제를 통합하지 못한 오류에 빠진 것은 속물기질과 자유방임 사상이 교묘하게 결합된 결과라고 규탄하였다. 속물기질에 내포된 반지성주의가 낳은 기계적 성서해석 방식이 설교자들로 하여금 성경 전체의 맥락을 탐구하지 않고 자신의 고정관념과 부합하는 성경구절에만 고집스럽게 집착하게 만든다는 것이다.[44]

그러나 아놀드는 이와 같은 사회적 필연론의 발상이 사이비 헤브라이즘이라면, 진정한 헤브라이즘의 소유자 역시 평등이라는 사회적 가치 앞에서는 사리분별

---

43   이는 성서해석에서 글의 맥락과 상황(context)에 무관심한 비국교도들의 경향성을 보여주는 문자주의 해석의 한 예로서, 기독교 신학의 중요원리인 "대립되는 것의 복합(complexio oppositorum)을 보지 못하게 된 결과이다.

44   「교양과 무질서」, p.235.

**교양(culture)은 특권적인 소수를 위한 것이
아니라 평등의 최선의 벗임을 주장하였다.**

능력이 장애를 받고 있는 사실을 지적하고 있다. 아놀
드는 동부 런던의 빈민지역에서 병에 찌들리고 키도 반
밖에 못 크고 영양도 반 밖에는 못 섭취하고 옷도 반
밖에는 못 입고 부모로부터 방치되어 건강도 가정도
희망도 없는 어린이들을 대하고 있던 어떤 사람의 말을
다음과 같이 적고 있다.

> 정말로 필요한 것은 이 어린 아이들에게 한 잔
> 의 냉수를 가지고도 서로 돕는 것을 가르치는 것입
> 니다. 그러나 지금 이 나라의 방방곡곡에서 들리는
> 것은 지식, 지식, 지식하고 외치는 소리뿐입니다.[45]

---

45   같은책, p.241.

민주주의에는 '맹목적 관습과 편견에 대한 이성과 지성의 승리'라는 의미가 내포되어 있는 것이었다.

아놀드는 이러한 사람들을 향하여 교양(culture)은 특권적인 소수를 위한 것이 아니라 **평등의 최선의 벗**임을 주장하였다. 그는 당시의 다수 영국인들의 자유주의가 과거의 저항적 자유 전통이나 합리적 개인을 전제로 한 자유방임사상에 대한 기계적 이해와 맹목적인 숭상으로 인하여 **개인과 공동체의 상호성**을 이해하지 못하고 있음을 지적하였다. 또한 이것은 민주주의의 기본 이념과 상반되고 있음을 비판했다. 민주주의에는 '맹목적 관습과 편견에 대한 이성과 지성의 승리'라는 의미가 내포되어 있는 것이었다.

여기에는 노동계급 대중 역시 마찬가지였다. 영국의 대중은 혁명의 불길과 사상의 세례를 받은 프랑스

프랑스의 정치학자이며 역사가, 법관이었던 알렉시스 토크빌(Alexis de Tocqueville· 1805~1859)은 당시 신생국가였던 미국을 7개월 간 여행하면서 민주주의 정치가 실현되는 모습을 보고 느낀 바를 옮겨 「미국의 민주주의」라는 책을 출간하였다

의 노동계급이 부패한 상층계급 아래서도 정념에만 사로잡히지 않고 사상에 따라 움직일 수 있는 것과 대조적으로, 단지 천박한 취향을 갖고 중간계급의 속물집단에 편입되고자 애쓰는 무리와 선동에 따라 움직이는 군중들일 뿐 참다운 데모스(demos), 즉 시민의식을 갖

춘 민중은 존재하지 않는다고 개탄하였다. 여기서 데모스는 고대 그리스 도시국가의 시민을 지칭한다. 아놀드가 부러워한 프랑스 노동계급의 높은 사회의식과 사상적 성숙은 1835년 토크빌의 「미국 민주주의론」 출판과정의 일화를 보면 공감할 수 있다. 당시 「미국 민주주의」는 출간 전 제작과정에서부터 돌풍을 일으켰는데, 인쇄공들이 먼저 이 책에 비상한 흥미를 갖게 되었다. 감독자나 교정자, 식자공에 이르기까지 모두가 큰 관심과 열정을 기울이며 위대한 책을 만든다는 사실에 크게 자부심을 느꼈다. 이 모습을 보면서 토크빌 자신도 전율을 느꼈다고 한다. 당시 파리의 인쇄공들은 단순 노동자가 아니라 활자문화의 첨병이었고 1830년 7월 혁명의 선봉이었던 것이다.[46]

---

46 같은 책.

6
결어 : 인문주의자의 종교와 정치

　지금까지 19C 영국 민주화 변혁기의 치열한 사회적 갈등 속에서 교양문화의 관점에서 종교와 정치의 문제를 해결하려는 매튜 아놀드의 주장들을 살펴보았다. '우아한 예레미야'라고 불린 적이 있을만큼 그는 사명감과 열정을 가지고 당대의 여러 현안들에 대하여 섬세한 분석과 통찰들을 제시하였다.[47]

　그의 비평의 주제가 된 사안들은 중간계급 부르조아들이 갖고있는 사상과 사고방식이었는데 그것은 곧 그들의 종교와 직결된 것이었다. 따라서 그의 중간계급 비판은 곧 비국교도 비판이었음은 앞서 논구한 바이다.

　중간계급 비국교도의 종교관념이 교육과 정치 등 사회문제에 대한 그들의 견해를 결정하는 방식에 대한

---

[47]　데일리 텔리그래프 지의 한 기자는 아놀드를 '우아한 예레미야'라고 부른 바 있다. 또한 그가 프랑스 비평가들에 비견되는 격조 있는 문필가임을 인정하고 있다. 「교양과 무질서」, p.51

아놀드가 '꿈꾸는 첨탑들의 도시'라고 묘사했던 옥스퍼드의 전경

아놀드의 분석과 비평은 그가 철저한 인문주의자이며 동시에 교육과 가정적 배경에 의해 영국의 종교전통에 대하여 남달리 깊고 해박한 이해를 갖고 있었기 때문에 가능한 것이었다. 그 때문에 크리스토퍼 도슨이 19세기 영국의 종교와 문화의 관계에 대하여 아놀드의 저작이 가장 중요한 문서라고 평가하게 된 것이라고 본다.

이제 아놀드의 주장과 의견들을 종합적으로 정리하면서 그의 주장이 교양문화에 대한 일반의 통속적인 견해들과 어떻게 다르며, 또한 그의 독특한 기여가 무엇인지 확인하고 오늘날 여러 국면에서 추구되고 있는

럭비 스쿨(Rugby School)

종교와 인문교양의 결합이 어떤 양상으로 이루어져야
할 것인가를 찾아보려고 한다.

a) 인문교양 개념의 진정성

매튜 아놀드의 정체성을 한 마디로 말한다면 무엇
보다도 고전적 인문주의자라고 해야 할 것이다. 아놀드

의 정신적 고향은 자신의 시 작품인 터시스(Thyrsis)에서 "꿈꾸는 첨탑들의 도시(dreaming city of spirals)"라고 노래한 옥스퍼드의 고전적 교양문화의 세계였다.[48] 이는 그가 귀족적 사립 명문인 럭비 스쿨과 옥스퍼드에서 학창시절을 보낸 시인이었으며, 만년에 옥스퍼드의 시학 교수로 청빙받았다는 사실에서도 분명히 드러나는 점이다. 그렇기 때문에 아놀드의 교양개념은 일차적으로 귀족 또는 유한계급의 비실용적인 취향이며 여가활동이라는 선입견을 불러 일으키곤 한다.[49] 따라서 교양의 가치를 부인하는 실용주의적 인사들과 늘 씨름해야 했다.

한 예로, 유력한 중간계급 자유주의자의 한 사람인 브라이트는 교양을 가리켜 다음과 같이 말했다. "그리스어와 라틴어에 대한 겉핥기적 지식이며, 세상에 기여하는 바가 없으며 이것이 존중받도록 만들려는 노력은 터무니 없이 무익한 일"이라고 야유하였다. 당시의 교

---

48   매튜 아놀드가 42세로 요절한 절친 Arthur Clough를 회고한 시 Thyrsis에 나오는 구절로서 지금도 옥스퍼드 기행문에서 그의 이름이 언급되게 한다.

49   물론 아놀드의 출신배경은 신분제 사회로부터의 전환기에 나타나는 창의적 지식인의 유형인 귀족적 평민에 해당한다.

양에 대한 통상적 관념은 귀족계급의 비실용적 지식이나 외적인 예법(etiquett)이었다. 오늘날에도 교양문화는 유한계급의 심미적 취향이나 전문성을 결여한 단순한 박식 정도로 간주되곤 한다. 따라서 교양에 대하여 그다지 높은 실제적 가치를 부여하지 않는 통념은 항상 존재한다.

그러나 실제로 진정한 인문주의자로서 아놀드가 평생을 추구한 과업은 교양문화를 바로 그러한 통속적인 관념으로부터 구출해 내는 것이었다. 아놀드는 교양의 목표를 인간정신의 완성이라고 정의했다.[50] 교양에 의해 형성되는 정신의 상태를 아놀드는 17세기 작가 스위프트가 사용한 'sweetness and light'로 표현했다. 이는 **우미(優美)와 지성(知性)**, 즉 우아한 아름다움과 사물을 실제 그대로 인식하는 밝은 지성이었다. 이것은 개방성과 유연함을 확보한 정신의 상태라고 할 수 있다.

---

50 「교양과 무질서」 첫 장의 서두는 마태 5:48로 시작한다. "그러므로 하늘에 계신 너희 아버지의 온전하심과 같이 너희도 온전하라"

b) 인문교양의 효용

그러면 아놀드는 자신의 반대자들을 향하여 교양이
란 무엇에 쓰는 것이라고 답변하고 있는가? 아놀드는
인문적 교양의 중요성을 주장했으나, 그것이 당면과제
를 위한 정책적 처방을 제공해 주리라고 한 것은 아니
다. 그는 당시의 다양한 사회적 병리의 현상 자체보다
그 이면에서 사회구성원들이 공통의 기준을 갖지 못하
며 모든 국가적 사안에서 사사건건 분열하고 있는 현
실을 가장 심각한 문제로 간주하였다.

이 나라에서 만사가 제멋대로 되게끔 만들어 온
편협한 속물성의 결과가 나타나고 있는 현재의 시
점에서 우리는 부끄러움과 불안 그리고 경고를 느
끼고 있다. 지금 우리는 이 속물성으로 인하여 교양
과 통찰력, 긍지, 포용력, 국가 간에서의 체통을 희
생시켰으며, 우리의 운명, 우리의 현재에 깊은 관련
을 갖고 있을 뿐 아니라 미래를 결정할 중요한 사건

들을 앞에 놓고도 머뭇거리고만 있다.[51]

영국사회는 현재와 미래를 위하여 공동으로 추구할 가치 즉 그 시대의 **공동선(common good)**은 무엇인지, 그것을 성취하기 위해서 필요한 사회조직의 원리와 장치는 어떤 것인지에 대하여 동의를 이뤄낼 역량이 없어 보였다. 한 사회의 구성원들 간에 공감적 인지능력이 이 정도로 결여되어 있다면 그것은 정신적 무정부 상태(anarchy)라고 할만한 것이었다.

그는 이것을 영국인들의 기질과 성향의 문제이며 지성구조의 왜곡 때문이라고 보았다. 따라서 이것의 치유책은 지성구조의 질적 변화를 가능케 할 인문교양의 함양에 있다고 판단하였다.[52]

---

51   L. Trilling, *Matthew Arnold* (New York : Meridan Books,1995), p.222.

52   아놀드의 인문교양론은 19세기 후반과 같은 역사적 변혁기에 치열한 사상 논쟁(issue fighting)을 벌이는 지식의 최전선보다는 지성계의 미드필더 장악을 중시하는 입장이라고 할 수 있다.

c) 인문교양과 현실참여(engagement)

교양교육은 '인류의 문화적 소산 중 최선의 것'을 경험케 함으로써 인성 함양과 인식능력의 토대를 형성하지만 당대 현실의 구체적 사안을 다루지 않는 경향이 있다. 그래서 인문교양은 복고적 지성의 이미지를 띨 때가 많고, 역사적 변혁기에 시대정신과 세계관을 분별하고 선택하는 일에는 무관한 지식으로 간주되곤 한다. 그러나 이것은 역시 앞서 말한대로, **인문교양을 개인적 영역으로 국한시키고 사회적 책임과 분리시키는 유한계급의 통속한 교양개념**에 해당하는 생각이다. 오히려 고전적 인문주의 전통은 개인과 사회, 이론과 실천, 내면성과 전복성의 통합이 특징이다. 고전고대의 철학자, 시인, 웅변가들이 그것을 보여준다. 아리스토텔레스가 말한 "폴리스의 동물"로서의 인간은 **사회라는 맥락에 뿌리 박고 존재하는 개인**을 의미했다.

그리스의 페리클레스는 아테네인들의 미덕을 칭송하면서 정치적 직분을 피하는 사람은 고상한 것이 아니라 **공동체의 책임감을 회피하는 무익한 인물**이라고 했고, 로마는 공화정 말기 키케로의 시대까지 **철학자와**

법률가의 직무가 분리되지 않은 것으로 평가된다. 무엇보다 고전의 지식은 인간의 사유와 역사변화를 바라보는 준거틀(frame of reference)로 갖게 한다. 아놀드에게서 고전적 인문교양은 현실문제에 대한 판단을 유보하거나 모호한 양비론 뒤에 숨는 것이 아니라, 오히려 인간과 사회의 본성에 대한 근원적 통찰로써 역사변화의 방향을 감지하고 새로운 가치를 선택할 능력을 갖게 하는 것이었다.[53] 이것은 그가 민주주의를 역사의 필연으로 보고 자유방임주의자들의 자유 개념을 비판하는 입장에 분명히 나타나 있다.

> 민주주의 운동은 다른 자연의 움직임과 같은 것이어서 비난이나 찬양을 하는 것은 합당치 못한 일이다.(자연의 법칙이란 좋을 수도 나쁠 수도 있는 것이다.) 당파적 신봉자들은 민주주의에 대하여 걸맞지 않는 신뢰를 부여하는 경향이 있는가하면, 그들의 적들은 부당한 비난을 하곤 한다.[54]

53　사도행전 14:16-17

54　M. Arnold, "Democracy"(1861) in *Democratic Education*, ed. R. H. Super(Ann Arbor : Michigan University Press, 1978), p.7.

그는 민주주의가 다가오는 시대를 지배하게 될 것을 확신하였다. 그리고 민주주의란 인간이 자신의 본질을 긍정하려는 노력이며 민주주의 정신의 확산에 대한 불만은 인간성 자체에 대한 불만이라고 주장하였다. 그리고 민주주의의 핵심은 전통적인 정치적 자유를 넘어 사회적 자유인 평등에 있음을 확고히 천명하였다. 그 근거는 고전적 인문주의자로서의 인간에 대한 포괄적 이해와 신념이었다.[55]

그리고 아놀드는 사물과 세계를 변화의 맥락에서 보는 **동태적(dynamic) 관점**을 갖게 하는 것이 참된 교양의 힘이라고 믿었다. 그런 점에서 당시 영국인들의 자유방임주의가 과거로부터 지녀온 관습적 신념에 매여 있는 정태적 사고임을 신랄하게 비판하였다.

현재의 우리의 사회조직은 그 성장의 도상에서 정해진 단계를 밟아 온 것이었다. 이 체제는 지금까지 유용한 것이었고 우리 국민들의 위대한 성취를 가능케 하였다. 그러나 그것의 유용성은 막바지에

---

55   같은 책, pp.7-8.

도달하였다. 그 단계는 지나간 것이다.[56]

그리함으로써 그는 당대의 경쟁적인 이념과 가치들의 갈등 속에서 모호한 현상유지에 빠지지 않고 역사의 대의와 섭리의 방향이 어느 편인가를 분명히 선택할 수 있었던 것이다.

---

56   M. Arnold, *Mixed Essays, Irish Essays, and Others*(New York : Macmillan, 1924), p.235, quoted in Trilling, op. cit.,

에필로그

최근 교회가 세속사회에 빼앗긴 줄로 생각했던 캠퍼스의 학생들과 젊은이들이 실상은 대부분 거대한 이단집단에 사로잡혀 있었음이 드러났다. 그들의 특징은 성서해석에서 컨텍스트를 배제한 문자주의적 해석과 지성구조에서 기계적 논리의 맹목성(盲目性)이다. 지성적 경건의 내용인 하나님 나라의 가치에 무감각하므로 실리주의와 형식논리로 포장된 도식적 구원론에 몰입하게 된 것이다. 안타깝게도 몽매주의에 빠진 교회들은 지성구조에서는 이단집단과 크게 다르지 않다. 성서에 관해 피상적인 답변으로 만족하도록 조장하는 교사들은 질문하는 법을 가르치지 않는다. 교인들은 비록 올바른 교리를 배우지만 성경적 사고의 본질인 '대립의 복합'(창45)이나 다맥락적 사고를 훈련받지 못하므로 도식적 사고로써 복음을 이해한다.

이를 극복할 신앙교육과 말씀사역이 유효하려면 목양적 공동체를 기반으로 한 지성적 경건의 연마가 요구된다. 인문교양과 복음적 신앙이 만나는 지성적 경건

(docta pietas, learned piety)은 어거스틴, 제롬 등 고대 교부시대 이래 기독교 전통의 주류였다. 개신교 역사에서도 성서의 재발견과 종교개혁의 돌파구를 연 것은 르네상스의 기독교 인문주의자들이었다. 칼뱅의 이중 신지식론(duplex cognitio Dei)은 이것의 가장 강력한 신학적 표현이다.* 그래서 칼뱅에게는 인문학이 시녀가 아니라 기사였다고 평가한다. 17세기 청교도 혁명기의 퓨리턴들도 삶의 모든 영역에서 그리스도의 주권을 구현하는 것을 하나님 나라로 이해했고 그러기 위하여 일반은총과 지성적 경건을 추구했다. 한국의 장로교회가 지향할 청교도 개혁신앙의 전통은 19세기의 퇴행기가 아닌 지성과 경건이 통전을 이루며 역동하던 16, 17세기에서 찾아야 한다.

* 거룩한 지혜는 하나님을 아는 지식과 인간 자신(self)을 아는 지식으로 구성되며 이는 여러 겹으로 뗄 수 없이 결합되어 있다. (기독교강요 1.1.1)

매튜 아놀드 연보

1822. 12. 24 레일럼 언 템즈(Laleham-on-Thames)에서 럭비스
　　　　　　쿨(Rugby School)의 교장으로 유명한 교육자이자 종
　　　　　　교인인 토머스 아놀드(Thomas Arnold)와 메리 펜로
　　　　　　즈(Mary Penrose) 사이의 맏아들로 태어남.

1828. 8 부친이 럭비스쿨 교장으로 임명됨.

1834. 7 호수지방(Lake District)에 폭스 하루(Fox How)가 완
　　　　　성되어 아놀드가(家)의 휴양지가 됨. 시인 윌리엄 워즈
　　　　　워스가 친한 이웃이 됨.

1836 처음으로 시를 습작하고, 동생 톰과 윈체스터 칼리지
　　　　(Winchester College)에 입학.

1837 윈체스터의 운문낭송 대회에서 바이런의 작품으로 수
　　　　상. 8월 프랑스 첫 번째 방문. 9월 럭비스쿨 5학년으로
　　　　편입.

1838 라틴 운문 학년상 수상.

1840 영어 에세이와 영어 운문에서 장원. 11월 옥스퍼드 벨
　　　　리올 칼리지(Balliol College) 장학금 획득,

1841 6월 라틴 에세이와 운문에서 우등상
　　　　8월 부친이 옥스퍼드의 현대사 왕립석좌(Regius) 교

수로 임명됨에 따라 10월 옥스퍼드 사택에 듦. A.H. 클러프(Clough)와의 우정 시작, 세인트 메리 성당에서의 뉴먼 추기경(Cardinal Newman)의 설교에 감명받았으나 옥스퍼드 운동의 이념에는 별로 영향받지 않음.

1842   6월 12일 부친이 럭비에서 심장병으로 갑작스럽게 죽음.

1844~45 칼라일, 에머슨, 조르쥬 쌍드를 읽고 영향받음. 후에 괴테와 스피노자에도 영향받음.

        캠브리지의 '사도들'(Apostles)과 유사한 학부 동아리 '디케이드'(Decade) 회원으로 활동.

1842   뉴디게이트 장원시 『크롬웰』(Cromwell) 발표됨.

1844   11월 학사학위 취득.

1845   2월부터 4월까지 럭비스쿨에서 임시 보조교사.

        3월 28일 옥스퍼드대 오리엘 칼리지(Oriel College) 연구원으로 선발됨.

1846   7월 프랑스 방문하여 조르쥬 쌍드 만남.

        12월 여배우 레이첼(Rachel)의 연극을 보기 위해 연말에 빠리를 방문하여 2월 11일까지 머묾. 이 시기에 프랑스 작가 세낭꾸르(Senancour)와 쌩뜨-뵈브(Saint-Beuve)를 읽기 시작한 것으로 보임.

1847. 4 추밀원 의장이자 휘그당의 원로정치가 랜스다운(Lansdowne) 후작의 개인비서가 됨.

        11월 동생 톰이 '자유·평등·우애'를 찾아 뉴질랜드로 이민.

1848. 2   동생 윌리엄 딜러필드가 동인도 벵갈군(軍)에 입대하
         기 위해 옥스퍼드를 떠나 인도로 감.
         9월 스위스 방문중, 시의 소재가 된 '마거리
         트'(Marguerite)를 만남.
1849. 2   처녀시집 『떠도는 난봉꾼』(The Strayed Reveller, and
         Other Poems) 출간.
         9월 스위스 방문, '마거리트'와 두 번째이자 마지막으
         로 만남.
1850. 4. 23 워즈워스 사망.
         6월 『프레이저스 매거진』(Fraser's Magazine)에 워
         즈워스의 죽음을 애도하는 「추모시편」(Memorial
         Verses) 발표.
         고등법원 판사 윌리엄 와이트먼 경(Sir William
         Wightman)의 딸인 프란시스 루씨 와이트먼(Frances
         Lucy Wightman)에 구애했으나 출세할 가망이 없다
         하여 일단 성사되지 않음.
1851. 4. 15 랜스다운 경에 의해 장학사로 임명됨.
         6월 10일 프란시스 루씨와 결혼, 9월에 늦은 신혼여행
         을 프랑스·이딸리아·스위스)으로 떠남. 이때 대사원의
         폐허(Grande Chartreuse)도 방문.
         10월 11일부터 장학사 직무 시작. 이때부터 장학사의
         직무상 그리고 순회재판하는 와이트먼 판사의 비서관
         으로 많은 시간을 여행으로 보내게 됨. 이후 1886년 은
         퇴할 때까지 거의 평생을 장학사로 복무함.

1852   두 번째 시집 『에트나 산의 엠페도클레스』(Empedocles on Etne, and Other Poems) 출간.

1853. 11   앞의 두 시집에서 추리고, 신작시를 추가하여 『시집: 신판』(Poems: A New Edition)을 출간. 여기에 붙인 「서문」(Preface)이 그의 평론의 시발이 됨.

1854. 12   앞의 두 시집에서 다시 추려서 『시집: 제2집』(Poems, Second Serise) 출간.

1855. 4   「대사원의 폐허에서」(Stanzas from the Grande Chartreuse)를 『프레이저스 매거진』에 발표.

1857. 5   5년 임기의 옥스퍼드대 시학 교수로 선출됨. 5년 뒤 재선됨.
           11월 14일 옥스퍼드대에서 「문학에서의 근대적 요소에 관하여」(On the Modern Element in Literature)로 취임강연(옥스포드대 시학 교수로는 처음으로 영어로 강의함).
           12월 비극 『메로프』(Merope) 출간.

1858   런던 체스터 스퀘어(Chester Square)에 정착. 후에 두 번 이사.

1859   3월부터 8월까지 교육위원회인 뉴캐슬 위원회(Newcastle Commission)의 해외부국장으로 프랑스, 네덜란드, 스위스에 머물며 초등교육에 관하여 조사.
           8월 「영국과 이탈리아 문제」(England and the Italian Question) 발표.

1861   1월 『호머 번역에 관하여』(On Translating Homer), 5

월 『프랑스의 대중교육』(The Popular Education of France) 출간. 11월 절친한 친구 A.클러프 사망.

1862 당국의 미움을 살 것을 각오하고 교육정책에 관한 비판적 글을 발표함. 『호머 번역에 관하여』에 「마무리 말」(Last Words)을 발표.

1864 6월 『프랑스판 이튼 학교』(A French Eton) 발간. 이때부터 대개의 글을 단행본 형태로 출간하기에 앞서 잡지에 발표하게 됨.

1865. 2 『비평집』(Essays in Criticism) 제1집 발간. 교육위원회인 톤튼 위원회(Taunton Commission)의 해외부국장으로 프랑스, 이탈리아, 독일, 스위스에 체류.

1866. 4 클러프의 죽음을 애도하는 만가(挽歌) 「써시스」(Thyrsis) 발표.

1867. 6 『켈트문학 연구에 관하여』(On the Study of Celtic Literature) 출간. 7월 『새 시집』(New Poems) 발간(브라우닝의 요청으로 「에트나 산의 엠페도클레스」 다시 포함). 이후로는 시는 거의 쓰지 않고 논쟁적인 사회적·종교적 글들로 널리 알려지게 됨.

1868. 1 막내아들 베이질 유아기에 사망.
11월 당시 16세인 장남 토머스 사망.

1869. 1 주저작이 된 사회비평서 『교양과 무질서』(Culture and Anachy) 발간.
6월 두 권짜리 시선집 『시집』(Poems) 출간.

1870. 5 『성 바울과 개신교』(St. Paul and Protestantism) 출간.

6월 옥스퍼드대에서 D.C.L명예학위 수여. 이 해에 선임장학사로 승진.

1871	2월 『우정의 화환』(Friendship's Garland) 출간.
1872	2월 18세인 아들 윌리엄 트레비넌 사망.
873	2월 종교에 관한 중요 저작 『문학과 교리』(Literature and Dogma) 발간. 11월 폭스 하우에서 모친 사망.
1875	『신과 성서』(God and the Bible) 발간(『문학과 교리』에 대한 반박들에 대한 응답).
1877	2월 옥스퍼드대 시 교수 재지명을 거절 3월 『교회와 종교에 관한 근작 논문들』(Last Essays on Church and Religion) 발간 11월 세인트 앤드류즈 대학교(St. Andrew's University) 총장 지명 거절.
1878	1월 골든 트레져리(Golden Treasury) 시리즈에서 『매튜 아놀드 시선집』(Selected Poems of Matthew Arnold) 발간.
1879	3월 『혼합 논문집』(Mixed Essays) 발간. 8월 『워즈워스 시집』(Poems of Wordworth) 엮음.
1880	T.H. 워드(Ward)가 편집한 『영국 시인들』(The English Poets)에 세 편의 평론 「시의 연구」, 「토머스 그레이」, 「존 키츠」 기고.
1881	6월 『바이런 시집』(Poetry of Byron) 엮음.
1882	3월 『아일랜드 논문집』(Irish Essays) 출간.
1883	8월 시와 문학에 대한 기여를 인정받아 연금 수령. 10

월 미국에 도착하여 이듬해 3월까지 미국을 돌며 강연
여행.

1884   수석장학사가 됨.

1885   6월 『미국에서의 담화』(Discourses in America), 8월
세 권짜리 시선집 『시집』(Poems) 발간.
10월 옥스퍼드대 교직원들과 4백명 학부생들이 각각
보낸 청원서에도 불구하고 다시 옥스퍼드대 시 교수
직의 지명을 거절.
11월에서 12월까지 왕립 교육위원회(Royal
Commission on Education) 업무로 독일에 체류.

1886   2월에서 3월까지 왕립 교육위원회 일로 프랑스, 스위
스, 독일에 체류. 4월30일 장학사직에서 은퇴함. 5월부
터 8월까지 미국 두 번째 방문.

1888   4월 15일 미국에서 오는 결혼한 딸을 마중나가 기다리
다 리버풀에서 갑자기 심장마비로 사망.
11월 『비평집』(Essays in Criticism)(제2집) 사후 출판
됨.